Ausblicke - Weitblick
Wandern in Bergland und Rheinebene

Wegbeschreibungen – Routenskizzen - Tracks

von
Franz Josef E. Becker

Fotos: Franz Josef Becker, Ausnahme Steffi Machnik: S. 38, 39, 40, 42

Karten: © OpenStreetMap-Mitwirkende

Korrektorat: Rainer Stach

ISBN 9783756833108

Herstellung und Verlag: BoD – Books on Demand, Norderstedt

Bibliografische Information der Deutschen Nationalbibliothek: Die Deutsche Nationalbibliothek verzeichnet diese Publikation in der Deutschen Nationalbibliografie; detaillierte bibliografische Daten sind im Internet über dnb.dnb.de abrufbar.

Inhalt

Oktober/November/Dezember 2016

Loss Jonn

in Köln

Stadtmagazin für Sport & Gesundheit

www.lossjonn-koeln.de

kostenfrei

Sport
Slacklinen

Ernährung
Smoothies

Wandern
Ohligser Heide

mit Oktober/November/Dezember- Veranstaltungstipps

Impulse

„Kein schöner Land in dieser Zeit als hier das uns're weit und breit." Diese Worte zitieren ein Abendlied. Hier jedoch spielen sie an auf die Rheinebene der Kölner Bucht und die umgebenden Berglande. Die Landschaft von Rheinbrohl am Mittelrhein bis Ratingen am Südrand des Ruhrgebietes bietet attraktive Wanderrouten mit angenehm zu laufenden Wegen und großartigen Ausblicken, mit Wegen in Wäldern und in Bachtälern, mit Höhenwegen und Aussichten von dort aus.

Vor allem an den östlichen Anstiegen aus der Rheinebene in die bergigen Regionen sind die Niederschläge beachtlich – bis auf das Doppelte höher als in der Bucht. Entsprechend gibt es viele Bäche und Bachtäler und durch sie bedingt Auf- und Abstiege und somit ein anregendes Wandergebiet. Und es gibt die Romantik der Täler: dunkler Talgrund, dichtes Unterholz, aber auch locker stehende Laubbäume mit lichtem Strauchgrün im Monat Mai und Frühblühern wie Anemonen und Scharbockskraut. Und dazu die Begleitmusik wispernder und plätschernder, munter fließender Bäche.

Versammelt sind in diesem Wanderbuch Beschreibungen von Routen, die als besonders interessant erlebt wurden. Ursprünglich regten diese Wanderung im Magazin „**Loss Jonn** in Köln, Stadtmagazin für Sport & Gesundheit" – herausgegeben von Meike Goldmann – zu Nachwanderungen an. Bei geführten Wanderungen im Kölner Eifelverein fanden sie ein positives Echo. Selbständig Wandernde begeisterten sich ebenfalls.

Zu den im Magazin veröffentlichten Touren, wurden für diese Ausgabe weitere Wanderungen aus dem reichen Schatz von mehr als 1000 geführten Wanderungen in den letzten anderthalb Jahrzehnten hinzugefügt.

Anregend werden hier Wanderrouten präsentiert, die der Verfasser allein – nachdenklich und sich umschauend – oder mit von ihm geführten fröhlichen Gruppen gegangen ist. Die Anregungen spiegeln Wandererfahrungen von fast 70 Jahren wider und das Verständnis von Wandern als fußläufiges Entdecken: Landschaftsformen, Bodendenkmale, Kulturdenkmale, durch Geschichte mit Bedeutung aufgeladene Objekte und Biotope gehören zu unserer in mehreren Jahrhunderten geprägten Kulturlandschaft – kurz: Es gibt immer etwas zu entdecken.

Wandern als Entdecken ist ein eher modernes Verständnis. Durch Entdecken wird Wandern unterschieden gegenüber dem fußläufigen Reisen – etwa auch von Ötzis alpiner Reise, die womöglich eher eine Flucht war. Er kann somit – was vorkam – nicht als erster Wanderer bezeichnet werden. Genausowenig können die alpinen Saumgänger oder die westfälischen Kiepenkerle als solche betrachtet werden. Sie waren allesamt fußläufig unterwegs, um Waren oder Nachrichten zu transportieren oder irgendwo Arbeit aufzunehmen oder Aufträge auszuführen wie etwa der mittelalterliche Albertus Magnus. Er besuchte als Mönch Klöster seines Ordens und machte sich zu Fuß nach Regensburg auf den Weg, um im päpstlichen Auftrag das Bistum zu visitieren, zu leiten und zu reformieren. Die Zeitgenossen gaben ihm den Beinamen „Bundschuh", weil er zumeist mit einfachem Schuhwerk unterwegs war. Dem Wesen des Wanderns als Entdecken und Erkunden kam er insofern nah, als er während der Reisen systematisch Naturbeobachtung betrieb und dazu auch Tagebuch führte.

Oberstes Prinzip von Wandern im modernen Sinne ist die Erkundung der Umwelt. Und derart steht Wandern in der Tradition von
- Petrarca (Besteigung des Mont Ventoux 1336),.
- Johann Gottfried Seume (6.000 km lange Fußreise 1801/1802 nach Syrakus),
- Alexander von Humboldt (erkannte bei seinen Exkursionen Ähnlichkeiten der gegenüberliegenden Küsten – in Umrissen der Kontinente, im Schichtenaufbau der Landmassen und in den Sedimentablagerungen – von Afrika und Südamerika)
- und William Smith (Vater der modernen Geologie, zu der er die Grundlagen bei seiner Vermessungstätigkeit für Kanalbau, Kohlegruben und Landentwässerung in Großbritannien entdeckte). Als Motto kann gelten:

Wandern heißt: Schritt für Schritt die Welt erleben und sehen wie sie ist.

Der Erlebniswert von Entdeckungen prägt auch das romantische Wanderideal und die Jugendbewegung, die dafür auch ein Lied hat: *Wir wollen zu Land ausfahren über die Fluren weit, ... Lauschen, woher der Sturmwind braust, schauen, was hinter den Bergen haust und wie die Welt so weit.*

Wandern ist Zu-Fuß-Gehen.

Zu-Fuß-Gehen ist die eigentliche Automobilität.

Der Fußgänger braucht keine Vehikel und seine Kleidung kann alltäglich sein. Fußgänger – so kann man sagen – kommen überall hin. Sie brauchen dazu nur länger. Fürs Wandern sind keine eigens ausgebauten Wegstrecken notwendig. Markierte Wanderrouten sind hilfreich. Die Markierungen dienen dazu, ortsfremden den Weg zu weisen und außerdem Wanderer – erst recht, wenn sie in Scharen auftreten – zu lenken, sie davon abzuhalten, in der Natur eigenwillig herumzurennen und Biotope zu stören oder gar zu zerstören. Zwar gibt es das republikanisch errungene allgemeine Waldbetretungsrecht, d. h. aber nicht, dass es sinnvoll ist, das jeder nach eigenem Gutdünken durch Wald und Flur stromert.

Wegmarkierungen lenken Wanderinteressierte auf interessanten Wegstrecken zu interessanten Landschaftspunkten. Alles in allem: Wanderführung und Wanderrouten-Beschreibung dienen dazu, die Landschaften und insbesondere die Natur den Menschen näher zu bringen und gleichzeitig eine der Naturentwicklung erforderliche Distanz zu wahren.

Tatsächlich wandern wir in unseren Breiten nicht in einer Naturlandschaft. Wir haben es vielmehr durchgängig in Wald und Flur mit einer durch menschliche Aktivität geprägten Kulturlandschaft zu tun. Jedes Wandern ist Entdecken der Umwelt. Diese ist immer nach der ewig langen Kulturgeschichte besonders im Rheinland und seinen Randgebirgen bedeutungsvoll aufgeladen. Um möglichst viele Anregungen zu geben, werden die Informationen zu kulturellen Sachverhalten nicht in langen Texten vermittelt. Als Methode wurde gewählt: Portale und die Stichworte, die in ihnen aufgerufen werden können, um sich zu informieren, aufzulisten. Da es heißt, man sehe nur, was man wisse, kann es sinnvoll sein, bevor man losgeht, die Informationen zu den Routen zu lesen. Andererseits ist es auch reizvoll, unterwegs zu sein, Dinge zu entdecken, bei denen man sich nach ihrer Eigenart und Bedeutung fragt und nach der Wanderung sich Wissen anzueignen. Auch eine andere Abfolgung ist möglich. Jede Wanderung vermag Neugier zu wecken und kann entsprechend nachbereitet werden.

Für die Aneignung der Informationen helfen die **Suchmaschinen**, die auf dem eigenen Rechner installiert sind und folgende Portale:

Wikipedia: https://de.wikipedia.org/wiki/Wikipedia:Hauptseite

KuLaDig (Kultur. Landschaft. Digital): https://www.kuladig.de

Wandern ohne Navi

Wandernde mit Karten oder orientiert an markierten Wanderwegen werden immer seltener. Aber es gibt sie noch, obwohl orientierendes Kartenmaterial – ein Printmedium wie die gedruckten Wanderbeschreibungen – im Angebot immer stärker schwindet oder nur zu Preisen erworben werden kann, die in keinem Verhältnis zum Nutzen stehen, wenn sie für nur eine Wanderung erworben werden müssen. Eine Vielzahl von für Wanderungen nutzbaren Karten werden als Einzeldrucke auf Bestellung geliefert und können schon mal auf fast 20 Euro pro Stück kommen.

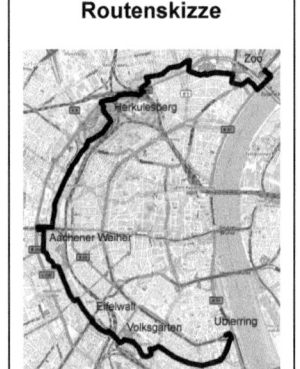

Routenskizze

Für Wanderkartensuche hilfreich ist **https://www.mapfox.de/**

Für Analogwanderer sind die Routen in diesem Buch traditionell beschrieben und als grobes Leitmedium mit einer Routenskizze versehen. Die Skizze zeigt ohne Details im Überblick den Verlauf der Wegstrecke einer Wanderroute.

Im Text sind Wege und Straßen, die Namen tragen und belaufen werden fett markiert. Straßen oder benamte Wege, die erinnernd erwähnt werden, stehen in Anführungszeichen („–"). In Anführungszeichen stehen manchmal auch Orts-, Gewässer- und Eigennamen.

Wandern mit Navi

Die Verwendung von Outdoor-Navigationsgeräten beim Wandern und die Nutzung von Internet-Wanderportalen werden immer mehr zum Standard. Portale bieten Tausende von Routen, die auf die Navigationsgeräte geladen werden können. Bei Smartphones und Tablets sind die Tracks – bei Netzkontakt – auch während einer Wanderung abrufbar, wenn entsprechende Apps auf den Geräten installiert sind.

Die digitalisierten Routen zu den beschriebenen Wanderungen im vorliegenden Buch können abgerufen werden bei **https://www.gps-tour.info**. Dort registriert man sich zunächst kostenlos und kann dann die im Portal gespeicherten Tracks und kurze Routenbeschreibungen nutzen.

Ohne Registrierung und Anmeldung wird die oben genannte URL in die Adresszeile des Browsers eingegeben. Nach >Enter< öffnet sich die Portalseite. Dort wählt man den Button >Touren & Tracks< aus und dann den Button >Suche / Karte<. Nun wird im Suchfeld die Tourennummer eingegeben. Nach >Enter< öffnet sich eine Seite mit einer groben Überblickskarte Europas und rechts neben ihr erscheint der Link der gewünschten Route. Nach Aufrufen des Links wird das Datenblatt angezeigt. Abrufbar sind außerdem >Anfahrt< und >Download<. Mit Anwählen von >Download< wird der Track aufgerufen. Es erscheint eine Auflistung der Formate, in denen er abgerufen werden kann.

Nach Anwählen des Links mit dem gewünschten Dateiformat erfolgt die Aufforderung sich zue registrieren und anzumelden. Wer bereits registriert ist, macht den nächsten Schritt mit >Anmelden<.

Nach der Anmeldung muss noch einmal das gewünschte Dateiformat angeklickt werden. Es erfolgt bei eingestellter Verknüpfung mit einem Bearbeitungsprogramm für digitale Karten und entsprechend geladener Karte eine automatische Öffnung im Kartenprogramm. Andernfalls muss der Track aus dem Ordner >Download< in einen Ordner kopiert werden, der für die Verwaltung der jeweils beabsichtigten Wanderroute eingerichtet wurde. Von dort kann der Track dann aus einem Kartenbearbeitungsprogramm abgerufen werden.

GPS-Tour für Outdoornavigeräte   *GPS-Tour für Smartphones /Tablets (App)*

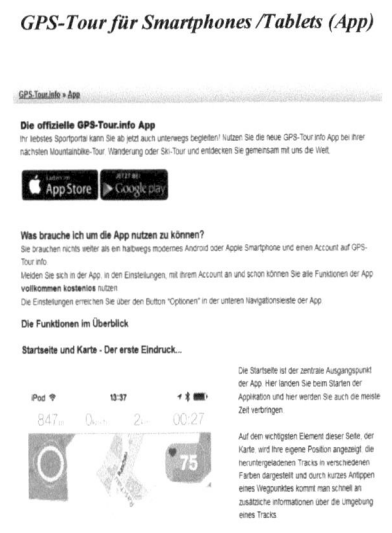

Die Nutzung auf dem Smartphon ist einfach: Nach Aufruf der App wird im Feld >Suche< die Tourennummer eingegeben und dann der Button >Suche< angetippt. Die gewünschte Route erscheint. Wenn sie angetippt wird, öffnet sich die Karte mit dem Track der Route. Über die Aktivierung von Plus (+) oder Minus (-) wird der überschaubare Kartenausschnitt gesteuert. So richtig navigieren kann man nicht. Man muss der gezeichneten Linie folgen, um zum Ziel zu gelangen. Informationen zur App von GPS-Tour gibt es unter https://www.gps-tour.info/de/app.html.

Waldwanderung mit faszinierenden Ausblicken
Von Gerresheim durch den Aaper Wald nach Ratingen

Wir wandern eine eindrucksvolle Route. Warum? Selten liegen gute Ausblicke ins weite Land, Verstädterung und Waldnatur so nah und attraktiv beisammen wie bei dieser Route am Westrand der Ausläufer des Bergischen Landes am Ostrand der Landeshauptstadt Düsseldorf. Schon wenige Minuten nach Beginn der Wanderung hat man eine fantastische Aussicht in die Landschaft zwischen Düsseldorf und Köln – auf eine aktuell nahe liegende Industriebrache, die City Düsseldorfs und den Landschaftshintergrund, der Ville und Eifel erahnen lässt.

Das bewanderte Gelände ist bewegt, zertalt durch ehemalige Bachrinnen und Kies- und Sandabbau, geprägt aber auch von altem Waldbestand auf sandig-kiesigem Boden, der nicht zur landwirtschaftlichen Nutzung verlockte. Auf 600 Metern unserer Wegstrecke laufen wir zwischen dem ehemaligen Betriebsgelände der Gerresheimer Glashütte und der Glasbläsersiedlung – mit zeitgenössisch markanten Arbeiterhäusern. An der Torfbruchstraße erreichen wir die Grenze zwischen einer ehemaligen Sumpflandschaft und den Ausläufern des Bergischen Landes. Durch die höheren Lagen des Sandberges und am Westhang des Taubenberges entlang erreichen wir das Pillebachtal. Nach Norden hin folgt der Grafenberger und Aaper Laubmischwald mit Inseln und Solitären 250 Jahre alten Buchen. Die Randlage unseres Weges an der Steilkante der Westausläufer des Bergischen Landes ermöglicht einige attraktive Ausblicke.

Wir starten am Bahnhof Düsseldorf-Gerresheim und wählen den Ausgang zur City hin. Kaum stehen wir auf dem Vorplatz des Bahnhofs und orientieren uns, sehen wir halbrechts von uns bewaldete Hügel. Da wollen wir hin. Ihre markante Lage erleichtert die Orientierung. Unser Weg führt geradeaus durch die **Heyestraße** bis zur Ampel. Auffallend ist der Hochbunker im Winkel der **Torfbruchstraße** mit der **Heyestraße**. Bemerkenswert ist linker Seite unseres Weges das große Areal der ehemaligen Gerresheimer Glashütte – jedermann bekannt durch das „G" mit Krone. Rechts fällt uns die Wohnbebauung auf, die sich in den Seitenstraßen fortsetzt. Es sind eher kleine niedrige Häuser mit sehr einheitlicher Architektur. Hier wohnten die Arbeiter der einstmals Europas größten Glashütte.

An der Ampel biegen wir nach rechts in die **Morper Straße** und dann links in die **Quadenhofstraße** ab. Nach knapp 100 Metern lesen wir an der rechten Straßenseite eine Information über den Hügel, Hardenberg genannt, den wir erreichen wollen. Wenig später werden wir an einer Stele des Industriepfades über die gesamtwirtschaftlichen Vorteile der Migration informiert. An der Stele geht es nach rechts ab und dann sofort links auf einem Pfad in die Sandhügel des Hardenbergs hinein. Der Weg verläuft recht flach, verlangt aber als Pfad einige Aufmerksamkeit. Wir stoßen auf eine Stelle, an der wir meinen, uns entscheiden zu müssen. Rechts geht es auf schmalem Pfad aufwärts. Wegen seiner zunehmenden Steilheit vor unserem aktuellen Zwischenziel versuchen wir erst gar nicht, diesen Weg einzuschlagen. Wir nehmen den eher geradeaus führenden Pfad. Er führt uns zu einem Bolzplatz, wo wir zunächst auf das Düsseldofer Symbol eines kindlichen Radschlägers treffen. Den Wiesenplatz queren wir halbschräg rechts und gelangen am Ende der begrasten Fläche auf einen rechts leicht aufwärts gehenden Weg. Den nutzen wir gemütlich und erreichen in einer Kehre einen fantastischen Aussichtspunkt mit Blick auf Gerresheim, die Düsseldorfer City und auf die ca. 6 km entfernten Henkelwerke in Düsseldorf-Reisholz. Je nach Wetterlage erkennen wir die Braunkohlekraftwerke in ca. 30 km Entfernung. Zwar stehen Braunkohlekraftwerke wegen ihrer Schadstoffemissionen nicht mehr in hohem Ansehen, aber sie sind dennoch markante Landmarken und deshalb erwähnenswert. Im Hintergrund können die Eifelberge als schwache Schatten sichtbar werden.

Den Aussichtspunkt mit Ruhebänken verlassen wir, indem wir unseren Weg nach Nordosten gerichtet fortsetzen und dabei auf den Gerresheimer Friedhof zulaufen. Wir sehen vor uns den Zaun, der ihn umgibt, und halten nach links gerichtet den Weg ein, der an ihm entlangläuft. Allmählich senkt sich der vom Aussichtspunkt flach verlaufende Weg. In einer Linkskurve sehen wir im Buchen bewachsenen Tälchen aufgerichtete Steine und werden durch sie an einen weiteren Friedhof erinnert. Im Tal erkennen wir – durch eine Schrifttafel informiert –, dass wir es tatsächlich mit einem Friedhof zu tun haben, auf dem von 1915 bis 1938 Mitglieder einer jüdisch-orthodoxen Gruppe bestattet wurden. Wenig später wandelt sich unser Waldweg in

זכור

Jüdisch-orthodoxer Friedhof Düsseldorf-Gerresheim

Von 1925 bis Ende 1938 diente dieser Friedhof als Begräbnisplatz der „Altisraelitischen Religionsgemeinschaft Adass Jisroel", einer orthodoxen Gruppe, deren Mitglieder aus der liberalen Synagogengemeinde ausgetreten waren und nach eigenem Ritus lebten und beteten. Die Gerresheimer Mitglieder der gesamtstädtischen Synagogengemeinde wurden hingegen auf dem jüdischen Friedhof an der Mansfeldstraße bestattet.

Nach dem religiösen Haupt von Adass Jisroel Düsseldorf, Rabbiner Heinrich (Chajim) Weyl z``l (1866-1943), wurde der Platz auch „Weyl'scher Friedhof" genannt. Er umfasst insgesamt 46 Gräber mit hebräischen und deutschen Inschriften. Man vermutet, dass hier nach der Pogromnacht 1938 eine oder mehrere geschändete Thorarollen dem Religionsgesetz folgend bestattet wurden, um sie vor weiterer Zerstörung zu bewahren. 1939 wurde Adass Jisroel im gesamten NS-Staat verboten und aufgelöst. Rabbiner Weyl flüchtete in die Niederlande, von wo er später nach Auschwitz deportiert wurde.

Der Begräbnisplatz, der heute Eigentum des Landesverbandes der Jüdischen Gemeinden von Nordrhein ist, wurde nach 1945 mehrfach geschändet.

Die Seelen der hier Bestatteten mögen eingebunden sein in das Bündel des Lebens.

Düsseldorf, im Juli 2018 / Tammus 5778

Landesverband der Jüdischen Gemeinden von Nordrhein K.d.ö.R.
und
Bezirksvertretung 7 der Landeshauptstadt Düsseldorf

einen Teerweg und erreicht die Straße. Es ist wieder die **Quadenhofstraße**, in die wir nach rechts einbiegen. Wir laufen nun zwischen einer Kleingartensiedlung auf der linken Straßenseite und dem Gerresheimer Friedhof rechts von uns, bis die Straße nach links abbiegt und ihren Namen ändert. Wir nutzen jetzt den **St.-Hippolyt-Weg**, der nach einem Rechts- und Linksschwenk vorbei an einem Landschaftsschutzgebiet rechts und wiederum einer Kleingartensiedlung links führt. Durch Buschwerk erblicken wir linker Hand die romanische Basilika Sankt Margareta. Sie gehört als staufische Pfeilerbasilika zu den bedeutendsten Kirchenbauten im romanisch-gotischen Stil im Rheinland.

Unser Waldweg zwischen Wald rechts und Kleingärten links trifft auf die **Gerricusstraße**. Am Treffpunkt steht eine Kapelle. Sie wurde über einer historischen Quelle erbaut, die schon in vorchristlicher Zeit als Heiligtum angesehen wurde und nach der Christianisierung der Franken von diesen eine Umwidmung erfuhr. An der Kapelle erinnert eine Tafel an 20 Bombentote aus dem Allerseelenangriff 1944 auf Düsseldorf.

Wir setzen unsere Wanderung hinter der Kapelle auf einem Rad-Fußweg fort, dabei passieren wir eine Sportanlage links, während uns rechts weiterhin der Düsseldorfer Stadtwald begleitet. Wiederum endet unser Weg an einer Teerstraße, **Peckhausweg** geheißen, biegen in sie nach links ein und gehen dann rechts in den Durchgangsweg der Anlage des Kleingärtnervereins „Zaunkönig". Der Weg ist ganzjährig generell zwischen 9:00 und 17:00 Uhr von jedermann begehbar. Bei einer Erkundigung erhielten wir die Empfehlung: „Nehmen sie den Weg, der ist schön ruhig.". Solche Wege schätzt man als Großstädter und freut sich über die nutzbringende Empfehlung.

Der Weg trifft auf den Uferweg des Pillebaches. Wir biegen nach rechts ein, laufen bis zum Tor, überqueren den **Dernbuschweg** und setzen gegenüber unsere Wanderung am Pillebach fort. Wir wandern vorbei an einem urwaldähnlichen Auenwald auf unserer rechten Seite. Jenseits des links fließenden Pillebaches liegt eine Wohnsiedlung – verborgen hinter einem Strauch- und Baumstreifen. Vor der relativ stark befahrenen B7 macht unser Weg eine Linkskurve. Wir folgen ihm bis zur beampelten Kreuzung auf der **Bergischen Landstraße**. Diese Straße queren wir und setzen unseren Weg in der Straße **Ratinger Weg** fort. Dabei gelangen wir zu einem Terrain, in dem der Pillebach renaturiert wurde. An der folgenden Gabelung halten wir uns links – negieren den rechts abgehenden „Kleinforstweg" und verlassen auf dem **Ratinger Weg** das Tal des Pillebaches. Sobald wir an der rechts befindlichen Golfanlage Düsseldorf Grafenberg vorbeilaufen, achten wir auf einen links zum Gerresheimer Tor des „Wildparks Grafenberg" abgehenden Weg. Wir passieren das Zugangstor zum Wildpark und gehen nach links. Wir laufen auf das eingezäunte Gelände der 1876 gegründeten „Provinzial-Heil- und Pflegeanstalt Grafenberg" zu. Sie ist heute als Klinik des Landschaftsverbandes Rheinland der Heinrich-Heine-Universität angegliedert.

Unser nächstes Zwischenziel ist der zur Klinik gehörige Parkplatz – zwischen Klinikgelände und Rennbahnstraße. Den Parkplatz queren wir zur Ein- und Ausfahrt an der **Rennbahnstraße** hin. Auf dem Zebrastreifen wechseln wir die Straßenseite, nehmen den Waldweg und biegen dann links ab und dann am feuerroten Hydranten rechts. Den nächsten nach links in die Wolfsschlucht abgehenden Weg übersehen wir. Jedoch nehmen wir den folgenden links abgehenden Weg. Hin und wieder weisen uns Infotafeln auf Besonderheiten der Waldwirtschaft hin. Der Weg senkt sich leicht, trifft auf einen Querweg, wo am Treffpunkt Fitnessgeräte zur Nutzung einladen. Hier führt unsere Route nach links. Einen folgenden Querweg ignorieren wir und gehen noch ein kurzes Stück aufwärts bis zum Treffpunkt mit dem „Bismarckweg". Hier müssen wir rechts gehen. Nach kurzer Strecke geht links ein Weg zur „Schönen Aussicht" ab – rechter Hand befindet sich etwas unterhalb unseres Wegeniveaus eine Schutzhütte. Die „Schöne Aussicht" sollten wir nicht verfehlen. Deshalb also geht es für uns nach links. Und wenn wir diesen Weg eingeschlagen haben, dann sind wir der Aussicht auch sicher. Wenn die Bank frei ist, können wir hier die Aussicht auf das Zentrum der Landeshauptstadt in Ruhe genießen – ansonsten machen wir das stehend. Dicht gedrängt sehen wir hier die markanten Bauten der Düsseldorfer City beieinander. Das sei noch einmal betont. Dieser Platz wird gerne von Vielen aufgesucht und besonders am Wochenende ist der Platz sehr gefragt.

Von der „Schönen Aussicht" geht es jetzt etwas mehr als 20 Meter tief talwärts. Am tiefsten Punkt queren wir einen Weg, der als Rodelbahn bezeichnet wird. Gegenüber laufen wir die Trimmstrecke aufwärts – ein kurzes steileres Stück Weges, bei dem uns dessen Serpentinenführung den Anstieg erleichtert. Geradeausgehend verlassen wir am Querweg die Trimmstrecke und gelangen alsbald zum Weg „Grafenberger Höhe". Dort gehen wir hinter der Bank den schräg rechts abgehenden Weg. Von ihm biegen wir nach links in den **Trotzhofweg**. Fuß- und Reitweg sind voneinander durch eine Buchenhecke getrennt. Wir laufen durch bis zur **Rennbahnstraße**. Dort geht es wieder links, vorbei am italienischen Restaurant bis zur Kurve, in der die **Rennbahnstraße** einen anderen Namen erhält und nun nach links bergab unter der Bezeichnung „Fahneburgstraße" läuft. Von der Kurve gehen wir auf dem ansteigenden Weg geradeaus weg. Wir wandern ein kurzes Stück auf dem Stadtwaldlehrpfad **Aaper Wald**. An der Holztränke biegen wir nach links ab und laufen nun auf dem **Aaper Höhenweg**. Wir laufen auf ihm 2 km bis zum „Dachsbergweg". Auf unserem Weg erreichen wir den Aussichtspunkt „Rather Blick/Flughafen". Tatsächlich blicken wir auf Rath, sehen fernab den Kontrollturm des Flughafens und einen Gittermast – im Bereich seiner Spitze weiß-rot markiert. Er stammt aus der Zeit, als Mannesmann noch im Mobilfunk aktiv war. Und wir hören das Dröhnen der Motoren startender und landender Flugzeuge – wie es Reinhard Mey in seinem Lied von der grenzenlosen Freiheit über den Wolken besingt.

Am Aussichtspunkt können wir wieder auf einer Bank verharren. Weiterwandernd folgen wir dem Wanderwegzeichen A2, passieren den Waldteich „Heinrichs Ruh" und treffen bei einer Wasserstelle auf den **Dachsbergweg**. Diesen nehmen wir nach rechts. Bei einem Unterstand biegt der Wanderweg A2 nach rechts ab. Wir wechseln über den „Bauernhäuser Weg" und treten aus dem Wald heraus auf ein Gelände das als Flugplatz – Segelfluggelände Düsseldorf Wolfsaap – mit Betretungsein- schränkung ausgewiesen ist. Der teils geschotterte Feldweg darf außerhalb des Flugbetriebs gelaufen werden. Sollten wir auf Flugbetrieb treffen biegen wir an der benannten Wegkreuzung nach links ab und laufen den geteerten **Bauernhäuser Weg**. Beim „Gut Wolfsaap" hat die Straße einen Rechtsknick und trägt ab dort den Namen **Grüteraaper Weg**.

Schöner ist jedoch der Offenlandweg am Segelflugplatz. Nach einer langen Wanderstrecke durch bewaldetes Gebiet haben wir hier weite Sicht und auch Sonnenschein. Der Weg, den wir 1200 Meter laufen, firmiert unter der Wanderwegbezeichnung A4. Ihn verlassen wir in einem Rechtsknick zur Straße **Grüteraaper Weg** hin. Fantastisch ist sofort der weite Ausblick ins Ruhrgebiet – wenn denn die Sicht einigermaßen klar ist. Wir streifen auf dem Weg nach „Knittkuhl" mit Blick auf das „Gut Grütersaap", dessen Pferdekoppeln, Wiesen und Ackerflächen.

Kurz vor der „Knittkuhler Straße" (K10) biegen wir von der Straße **Grüteraaper Weg** nach rechts in einen Fußweg ein. Er führt in die Waldsiedlung „Knittkuhl" und zu deren Straße „Am Püttkamp". Ungefähr 280 m nachdem wir die Straße „Grüteraaper Weg" verlassen haben biegen wir nach links in einen Fußweg, der uns zur „Knittkuhler Straße führt. Sie nehmen wir nach rechts und queren sie bei der

Leitplankenlücke nach links zu den beiden abgehenden Teerstraßen hin. Wir nehmen den **Mauerweg**. Diese Straße nutzen wir jetzt 2 Kilometer bis zur Bushaltestelle – unserem Ziel. Zuvor aber unterqueren wir noch Hochspannungsleitungen und haben alsbald einen Ausblick auf Ratingen und noch einmal auf das Ruhrgebiet. Kurz vor unserem Ziel queren wir den Schwarzbach, der uns linker Hand wenige Meter begleitet. Rechts haben wir den Flecken Schönheitsmühle – 1456 erstmals erwähnt – mit mehreren Weihern, von denen einer rechts unseres Wegs unmittelbar an der Straße liegt, während links der Schwarzbach dahinplätschert. Unsere Zielhaltestelle liegt an der Einmündung der Straße **Mauerweg** in die **Mettmanner Straße** (L239).

Informationen zur Route:

Wanderkarte: 4707 Mettmann – Wanderkarte mit Wanderwegen (geplottete Ausgabe) ProjektNord – Grundlage Amtliche topographische Karte 1:25.000
Streckenlänge: ca. 16 km
Start: Düsseldorf-Gerresheim, S-Bf, Hst. von S8, S28, S68 sowie der Stadtbahn U73 und der Busse 730, 736, 737, 781, M1
Ziel: Schwarzbachtal, Ratingen, Hst. von Bus 749
Track: Tour #178884: Waldwanderung mit faszinierenden Ausblicken

Routenskizze

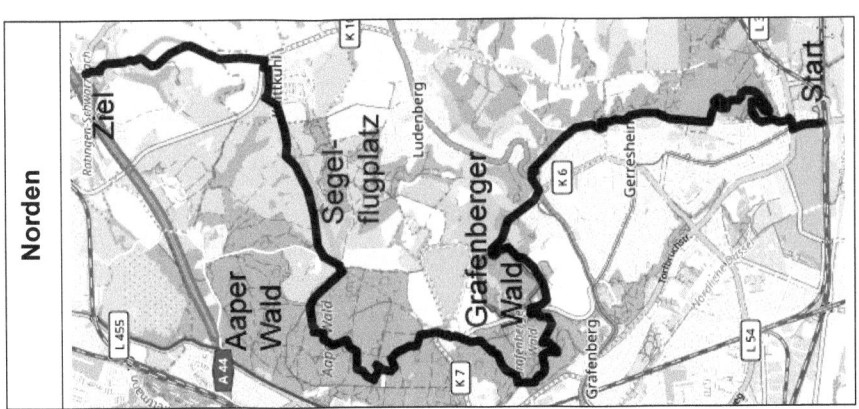

Interessante Infos unter:

Wikipedia: Gerresheim, Gerresheimer Glashütte, Wildpark im Grafenberger Wald, LVR-Klinikum Düsseldorf, Galopprennbahn Düsseldorf-Grafenberg, Aaper Wald, Rath (Düsseldorf), Ruhrgebiet, Ratingen.

KuLaDig: Wegerelikte auf den Gerresheimer Höhen

Suchmaschine: Die Glashütte Gerresheim im Wandel der Zeiten

Ausblicke in die Kölner Bucht
Von Gruiten nach Gerresheim

Bei der Wanderung haben wir mehrmals grandiose Ausblicke in die Niederrheinische Bucht, besonders in den Teil, der auch Kölner Bucht oder Köln-Bonner Rheinebene genannt wird. Der für die Aussicht entscheidende Streckenabschnitt ist der Römerweg in Erkrath – durchschnittlich 60 Meter höher als die überblickte Ebene gelegen. Als Rahmen der Bucht erkennen wir das Bergische Land und ganz in der Ferne die Eifel sowie ihr vorgelagert den nach Norden hin absinkenden Höhenzug der Ville. Der namengebende Rheinstrom blitzt immer wieder auf und in der Ferne ragen die Spitzen des Kölner Doms aus dem Dunst und anderwärts noch die Braunkohlekraftwerke. Näher erkennt man deutlich die Industrie in Düsseldorf-Reisholz. Wir blicken in eine vom Meer gestaltete Naturlandschaft, überformt durch Siedlungen, Industrie und Verkehrswege im Bonn-Köln-Düsseldorfer Ballungsraum. Die Wanderung führt durch Wiesenland, Ackerfluren und Waldareale und an Siedlungsrändern entlang.

Wir verlassen den Bahnhof Gruiten in Richtung Süden – auf der vom Bahnhofgebäude abgewandten Seite –, gehen auf dem **Kastanienweg** nach links und dann rechts die **Bergstraße** aufwärts und an deren Ende in die querende **Millrather Straße** wieder rechts. Alsbald geht es links nach Kriekhausen, rechts fällt ein imponierender Gebäudekomplex auf – ein Fitnesszentrum vielleicht. Weit gefehlt. Wir blicken auf die Fabrikanlage eines weltweit bedeutsamen japanischen Unternehmens für Werkzeuge und Maschinen der Blechbearbeitung. Am Ende des Gewerbekomplexes in einer Parkanlage erblicken wir nach Westen erstmals Teile von Düsseldorf und schauen auf die Produktionsanlagen von Henkel und bis zur Chemie von Dormagen. In nordwestlicher Richtung fällt uns am Blickhorizont der Kamin des Fernheizwerkes Hochdahl auf. Rechts taucht auch der Fernsehturm von Düsseldorf auf. Durch den kleinen Weiler Kriekhausen geht es bergauf bis zur Autobahn A 46, die von Düsseldorf kommend bis zum Autobahnkreuz Wuppertal Nord führt. Nach rechts gehend laufen wir parallel zur Autobahn. Deren aufdringliches Geräusch interpretieren wir sozusagen als den Tinnitus einer brummenden Verkehrswirtschaft.

Einen starken Eindruck bekommen wir, wenn wir beim angezeigten Gut Ellscheid links auf die die A 46 querende Brücke gehen. Unter uns fließt der Verkehr. Im Westen sehen wir eindrucksvoll Teile Düsseldorfs. Wenn wir uns sattgesehen haben, verlassen wir die Brücke und gehen talwärts am Gut vorbei. In der Senke biegen wir nach links. Rechter Hand liegt ein Regenüberlaufbecken am Mahnerter Bach. Vor uns liegt eine in Sandstein ausgeführte romantische Eisenbahnbrücke. Durch sie unterqueren wir die Eisenbahnstrecke Köln – Wuppertal. Wir sind im Weiler Haan-Elp. Unser Blick fällt auf ein turmähnliches Gebäude. Es handelt sich um einen Transformatorenbau aus der Zeit um 1910. Er ist in der Denkmalliste der Stadt Haan verzeichnet, dokumentiert den Siedlungsbau und die Entwicklung der Arbeits- und Produktionsverhältnisse und ist aus wissenschaftlichem Interesse erhaltenswert.

Die ersten 3,5 km sind wir nur auf Asphalt gelaufen. Jetzt geht es auf einem geschotterten Wirtschaftsweg weiter. Anfänglich haben wir auf diesem Weg immer wieder Ausblicke auf Düsseldorf und auch auf Gebäudekomplexe von Hochdahl, die in ca. 3,5 km Entfernung von unserer momentanen Wegstelle entfernt liegen. Linker Hand können wir bis zu den Braunkohlekraftwerken der Ville und bis zur

Aufschüttung „Glessener Höhe" schauen. Leicht abfallend gehen wir in eine 10 Meter tiefer gelegene Senke des nordöstlichen Ausläufers des Naturschutzgebietes „Mahnerter Bachtal". Aus der Senke wieder leicht aufsteigend sehen wir in südwestlicher Richtung Hochhäuser von Köln und am Horizont die Anlagen des Chemieparks Knapsack in Hürth. Wir laufen durch bis zum **Hausmannsweg** und biegen in ihn nach rechts ein. Durch ein Obstanbaugebiet geht es bis zur Eisenbahnunterführung. Nach der Unterführung geht es geradeaus talwärts auf das Düsseltal zu.

Wir orientieren uns nach Westen hin und laufen zweimal links schwenkend auf die schmale Querstraße **Winkelsmühler Weg** zu. In die Straße geht es links hinein bis kurz der Unterquerung der Eisenbahnstrecke. Vor der unromantischen Betonbrücke biegen wir nach rechts ab und folgen der Beschilderung „N Wanderweg" in Richtung Hochdahl S-Bahn. Die Bahntrasse ist jetzt unser Begleiter. Unser Weg entlang des Bahndammes führt uns auf die auch so genannte **Hauptstraße** von Hochdahl. Ihr folgen wir in Richtung Bahnhof Hochdahl. Zwar ist eine Straße entlangzulaufen nicht besonders attraktiv. Hier werden wir aber abgelenkt durch eine rechts der Straße stehende Häusergruppe im Stil der zweiten Hälfte des 19. Jahrhunderts – Wohnhäuser für Betriebsangehörige der Seidenweberei „Schlieper, Wülfing & Söhne" (187s7 – 1973).

EHEMALIGE SEIDENWEBEREI
SCHLIEPER, WÜLFING & SÖHNE

Erbaut 1877, stillgelegt 1973. Ältester Fabrik-betrieb in Erkrath-Hochdahl. Erste Kombination von Dampfkraft und Webstühlen im deutschen Raum. Ablösung der dezentralen Heimarbeit durch konzentrierte Fabrikarbeit.
Soziale Leistungen waren die freiwillige Rente, die Wohlfahrtskasse, der Bau von Arbeiter-häusern und die Wasserversorgung von Alt-Hochdahl bis 1949.

Gegenüber liegt der Bahnhof Hochdahl. Er war einstmals hochberühmt wegen des vorhandenen Wunderwerks der Technik: Da die Rampe von Erkrath nach Hochdahl – aus dem Rheintal ins Bergische – für die damaligen Lokomotiven zu steil war, mussten weitere Zugkräfte hinzugezogen werden. Anfänglich half eine stationäre Dampfmaschine in Hochdahl. Doch dann wurde dieses System abgelöst: Abwärts fahrende Züge zogen die nach Hochdahl fahrenden den Berg hinauf. An diese Zeit und ihre Technik erinnert ein Denkmal am Zugang zur Bahnsteigunterführung und ein kleine Museum. Die Mechanik der historischen Beförderungshilfe wird dort erklärt und der Fortgang der Technik bis zur Elektrifizierung der Strecke Düsseldorf Wuppertal 1963.

Vom Bahnhof geht es in die Richtung, die wir zuvor gegangen sind, auf der rechten Seite der **Professor-Sudhoff-Straße** ca. 80 Meter und dann rechts ab eine Treppe abwärts zum **Neanderweg**. Nach einem Linksschwenk des Weges queren wir die „Bergische Allee" und laufen auf dem Fußweg der **Hochdahler Straße** weiter. Wir überqueren die Eisenbahn und haben dabei einen tollen Blick auf Düsseldorf. Es folgt noch eine Querung der Autobahn A3 und dann 120 Meter danach der Abgang nach links in die Straße **Römerweg**. Auf der folgenden Wegstrecke haben wir den besten Blick in die Kölner Bucht. Das ganze Panorama entwickelt sich Schritt für Schritt vor unseren Augen. Bei guter Sicht sehen wir die Umrisse der Höhen des Siebengebirges, erblicken das stadtkölnische Panorama, sehen die Ville, darauf die Chemiefabriken des Chemparks Knapsack, die Chemie von Dormagen, aber auch die Hohe Acht, wenn die Sicht wirklich gut ist, und die Kraftwerke in der Nähe Grevenbroichs. Eine Infotafel sagt uns, was wir sehen, wie die Landschaft entstanden ist und wir können von zwei Bänken die auswählen, von der aus wir den besten Blick haben oder ungestört genießen können. Von dem überwältigenden Ausblick können wir uns auf dem letzten Drittel unserer Wanderung erholen, denn eine derartig herausragende Aussicht kehrt nicht wieder, obgleich es noch Ausblicke auf die Kölner Bucht gibt.

Wo unsere Route die K 7 („Erkrather Strasse") kreuzt, steht sowohl das Pumpwerk Korresberg wie auch die Kapelle Heiligenhäuschen. Die Gründungszeit dieser Kapelle liegt im Dunkeln. Sie war eine Andachtskapelle und wohl eine Station bei Bittprozessionen, die vor der Mitte des 19. Jahrhunderts üblich waren bei Seuchen, Hungersnöten und Kriegen. Aus einer Inschrift auf dem Türsturz ist zu entnehmen, dass 1617 durch die Eheleute Bernhard Gohr und Christine Cluten eine Renovierung finanziert wurde. Bernhard Gohr war Richter des Amtes Mettmann.

Weiter gelangen wir zum Wasserbehälter Hochscheidt. Er wurde 2010 gründlich saniert. Von hier sind es noch ungefähr 3 km bis zum S-Bahnhof Gerresheim. Dass wir auf dem richtigen Weg sind, sehen wir mit drei Richtungsangaben. Nach dieser

Information passieren wir ein weites Feld, von dem aus wir letztmalig auf unserer heutigen Tour in die Kölner Bucht blicken können. Noch einmal empfängt uns Wald. Ohne Abzweig gehen wir auf dem **Römerweg** und den weiterführenden **Gödinghover Weg**. Einen Querweg, der auch den Namen **Gödinghover Weg** führt, nehmen wir nach links zur **Glashüttenstraße**. In sie biegen wir nach rechts ein und laufen geradeaus auf dieser Straße – die uns praktisch unbemerkt bleibende Düssel überquerend – zum Zugang des Bahnhofs Gerresheim von der **Höherhofstraße** aus.

Informationen zur Route:

Wanderkarte: NRW Wanderkarte 48 Solingen, Remscheid, Hilden, Burscheid, Wermelskirchen 1 : 25 000, Aufl. 2021 (GeoMap Karte)
Streckenlänge: ca. 17 km
Start: Gruiten Bf, Hst. von S8, S68, RB48 und der Busse 641, 742, O1
Ziel: Düsseldorf-Gerresheim (S-Bf) Hst. von S8, S28, S68, U73, und der Busse 730,736, 737, 781, M1
Track: Tour #178886: Ausblicke in die Kölner Bucht

Routenskizze

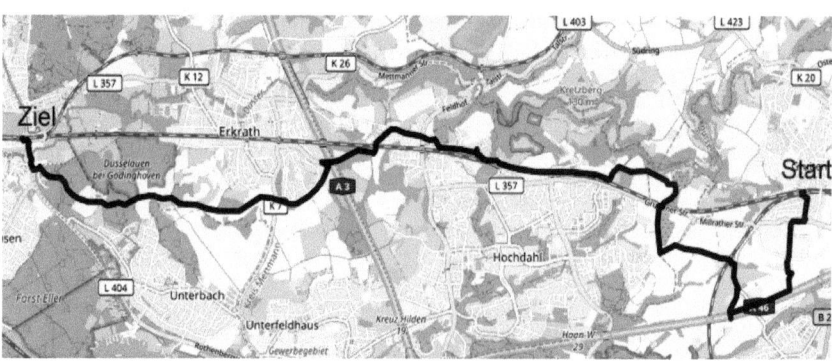

Interessante Infos unter:

Wikipedia: Bahnhof Hochdahl, Steilrampe Erkrath–Hochdahl, Ville (Rheinland), Bergisches Land, Eifel, Siebengebirge, Reisholz, Gruiten, Niederrheinische Bucht, Kölner Bucht, Siebengebirge.

KuLaDig: Umlenkrolle mit Radkasten am Haltepunkt Hochdahl

Erkrath – Eisenbahn- und Heimatmuseum Erkrath-Hochdahl e.V.
Ziegeleiweg 1-3, 40699 Erkrath, Tel.: (0211) 30 26 90 05
Öffnungszeiten: jeden 4. Sonntag von April bis Oktober 11-17 Uhr
Eintritt: frei, Führungen nach vorheriger Vereinbarung
https://www.lokschuppen-hochdahl.de/wordpress/

23

Flach durch die Ohligser Heide
Von Solingen nach Langenfeld

Bei dieser Wanderung erleben wir wechselnde Landschaften der „Ohligser Heide" und des nach Süden anschließenden Gebietes bis hin zum „Further Moor". Im Naturschutzgebiet „Ohligser Heide" wandern wir zunächst am Rande der Feuchtheide und treffen auf mehrere Weiher – einer romantischer als der andere –, gehen unter Kiefern der Trockenheide, werden von einigen alten Fachwerkhäusern und einer idyllisch gelegenen Wasserburg beeindruckt. Allerdings: Wie so oft werden wir auch hier von den brutalen Fakten der Deutschen Geschichte eingeholt. Romantik und deren Gegenteil liegen nahe beieinander.

Der Heidestreifen, den wir bewandern, ist Teil der Bergischen Heideterrasse, die sich von der Siegmündung bis fast an die Ruhr zwischen dem Rhein und dem östlichen Bergland hinzieht. Alles, was die „Ohligser Heide" und diese Wanderung uns bieten, ist Kunstwerk und wenig Natur. Das, was wir als Heide verstehen, entstand durch Überweidung: Bauern trieben ihr Vieh in den Wald, das junge Baumtriebe wegfraß. Sie holten Laub aus den Wäldern für die Streu in den Ställen und brachten den Stallmist auf ihre Felder. Die Böden der ehemaligen Waldregion verarmten. Heutiger Wald ist der Kultivierung der „Ohligser Heide" mit eigentlich für den Standort untypischen Bäumen und Sträuchern zu verdanken.

Unsere Wanderung starten wir am Hauptbahnhof Solingen. Auf dem Bahnhofsvorplatz wenden wir uns südwestlich in die **Wilhelmstraße**, gehen sie ganz bis zur **Südstraße** und lassen uns auf diesem Weg durch die prachtvollen Gründerzeitvillen daran erinnern, dass das Bergische Land eine traditionell gewerbefleißige Region ist. Die **Südstraße** nehmen wir nach Westen hin, queren die **Bonner Straße** in die **Hubertusstraße** – als ehemalige Allee noch erkennbar – hinein und nehmen an der **Schwanenstraße** den gegenüber weiterführenden **Hermann-Löns-Weg** – genau der richtige Name für einen Weg in die Heide. Unser Weg führt am wunderbaren Landschaftspark des Waldfriedhofs vorbei – und auch am Stadion und Vogel- und Tierpark auf der gegenüberliegenden Seite.

Die beabsichtigte Route läuft geradeaus in das Naturschutzgebiet „Ohligser Heide". Wir passieren den Waldrand mit Nadelbäumen, Buchen, Ahorn, Eiche und Ebereschen, wobei uns dicht wachsender Farn auffällt. Wir ignorieren nach links abgehende Abzweigungen und deren auffordernde Wegzeichen. Erst an der Weggabelung wenden wir uns nach links. Alsbald befinden wir uns in einem offenen Landschaftsteil der Trockenheide, aus dem wir – den nächsten Querweg nach rechts gehend – zum „Drei-Insel-Teich" kommen. Der Teich ist ein natürliches Gewässer, das in den 1920er-Jahren erweitert wurde. Seltene Vogel- und Fischarten sind hier beheimatet.

Über den „Heidebach" geht es auf das „Freibad Heide" zu, das auch als Störfaktor im Naturschutzgebiet angesehen wird. Gegenüber dem Zugang zum Freibad führt ein Steg zu einem Heideweiher. Am Stegende sollte man unbedingt die Info lesen und sich dann umschauen. Nach dem Weiher wandern wir wieder ein kurzes Stück durch Offenland, mit typischem Heideeindruck, gehen am Wegdreieck in den links abbiegenden Weg und streben auf die **Langhansstraße** zu, die auch die Südgrenze des Naturschutzgebietes „Ohligser Heide" bildet. Unser Weg führt jenseits der Straße am gegenüberliegenden Gebäude unmittelbar links vorbei in den Park „Engelsberger

Hof". Ursprung ist ein Landgut im Ödland der Heide. Um 1900 entstand hier das Parkrestaurant mit Wasserkunst und Gondelteich, das sich zu einem beliebten Ausflugsziel entwickelte.

Im Park folgen wir zunächst dem Zeichen für den „Klingenpfad" (S) und den „Neanderlandsteig", überqueren den ehemaligen Ruderteich auf zwei Brücken, streben auf den Kinderspielplatz zu, gehen an der rechts stehenden historischen Dampflok vorbei und verlassen den Platz nach links zwischen drei weiß-roten Absperrpfählen. Am folgenden Querweg geht es nach links und lange Zeit geradeaus. Noch immer geht es weiter, wenn wir auf das Ortseingangsschild von Langenfeld treffen. Die Kreuzung unserer Route mit den Straßen **Wafert** und **Krüdersheide** nehmen wir geradeaus und erreichen die „Schwanenmühle". Unsere Wanderroute läuft geradeaus weiter auf die „Haus Gravener" Straße zu.

Auch wenn wir asphaltmüde sind, sollten wir an der Kreuzung mit der „Haus Gravener Straße" den Weg zur Wasserburg Graven wählen. Geradeaus geht ein Waldweg, den wir später erreichen. Links am Weg zur Burg befindet sich der Segelflugplatz Langenfeld. Die Burg ist der 1656 errichtete Neubau einer im 30-jährigen Krieg zerstörten Vorgängerin. Zu Dreiviertel umgeben von einem sehr breiten Wassergraben, steht malerisch ein trutziger, unverputzter Bruchsteinbau.

Nach der Burg biegen wir nach rechts in den nächsten Feldweg ein, der sich zu einem schmalen Pfad verengt, links begleitet vom dahinplätschernden „Burbach". Diesen Bach begleiten wir, bis er verrohrt einen nach links abgehenden Weg unterfließt. Diesen Weg nehmen wir. An der Weide entlang gelangen wir nach „Feldhausen" und ignorieren dort den Abzweig in die Straße „Zum Klosterbusch". Durch Feldhausen laufen wir auf die Straße gleichen Namens. Nachdem wir die links abgehende Straße „Im Mutscheid" passiert haben, müssen wir an einem Unterstand links in die Straße **Im Bremsekamp** abbiegen. Sofort geht es rechts in einen schmalen Pfad, der auf die **Elberfelder Straße** zuläuft. Nach deren Querung befinden wir uns vor einem Kriegerdenkmal.

Vom Kriegerdenkmal weg nehmen wir den Weg, der nach Westen hin sozusagen parallel zur „Elberfelder Straße" läuft. Nach Überschreitung eines Querweges, biegen wir am folgenden Querweg nach links ab und entfernen uns von der Elberfelder Straße. Wir befinden uns nun auf dem Weg hin zum „Mahnmal Wenzelnberg" (Gedenkstätte). Hier wird des Grauens der NS-Zeit und der letzten Tage des Zweiten Weltkrieges gedacht. Weiter läuft unsere Route auf den Langenfelder Waldfriedhof zu. Die dortige Straße „Kapeller Weg" queren wir in die Straße **Heiderhöfchen** hinein. In einer Rechtskurve dieser Straße gehen wir in den Schotterweg links. Die zu querende Kreisstraße **K36** führt zur Kreisdeponie Langenfeld-Immigrath. Weiter gehend berührt unsere Route die AB 3 tangential. Am Wendehammer geht es parallel zur AB 3 weiter. Wir überqueren die Autobahn in Richtung **Bergische Landstraße**. Diese Straße überqueren wir nach links und laufen weiter zur Straße **Furth**, die uns ins deutlich erkennbare Further Moor führt.

Vom Teerweg biegen wir in dessen Linkskurve nach rechts in einen Waldweg und dann wieder links. Es geht vorbei an einer Hütte und auf einem Wiesenweg zum Weiler „Hapelrath". Nach der kleinen Ansiedlung mit geschütztem Fachwerkbestand unterqueren wir die Eisenbahn-Güterverkehrsstrecke zwischen dem Ruhrgebiet und dem Rheinland. Am Ende von Hapelrath macht der **Further Weg** eine Linksbiegung.

Wir gehen nach rechts in die **Alte Schulstraße** und treffen auf die **Reusrather Straße**, überqueren sie und biegen am folgenden rechts stehenden Wegkreuz links ab. Der Feldweg mündet in die Siedlungsstraße **Am Markt**. Wir sind nun in „Reusrath". Ein Bodendenkmal verweist auf die frühere St.-Barbara-Kirche. Von dort gehen wir paar Schritte auf die **Trompeter Straße** zu und biegen links in eine kleine Gasse hin zur Martin-Luther-Kirche. In der Kirche finden wir die Merkmale einer typisch evangelischen Kirche im Bergischen Land: Übereinanderordnung von Altar, Kanzel und Orgel. Wir werfen auch einen Blick auf das 1683 erbaute Pfarrhaus, das einstmals auch Kirchraum der evangelisch-lutherischen Gemeinde Reusrath-Richrath-Opladen war. Vom Pfarrhaus aus gehen wir auf der **Trompeter Straße** in Richtung der neuen katholischen St.-Barbara-Kirche, passieren sie und nutzen am Ende der **Trompeter Straße** die **Opladener Straße** nach rechts zur Bushaltestelle für Fahrten in Richtung Langenfeld oder Opladen.

Informationen zur Route:

Wanderkarte: 48 Solingen - Remscheid - Hilden - Burscheid - Wermelskirchen 1:25.000 Topographische Wanderkarte, GeoMap
Streckenlänge: ca. 17 km
Start: Solingen Hbf, Hst. von RB48, RE7, S1, S7 und 8 Buslinien
Ziel: Grünewaldstr., Langenfeld, Hst. von Bus 206
Track: Tour #178887: Flach durch die Ohligser Heide

Routenskizze

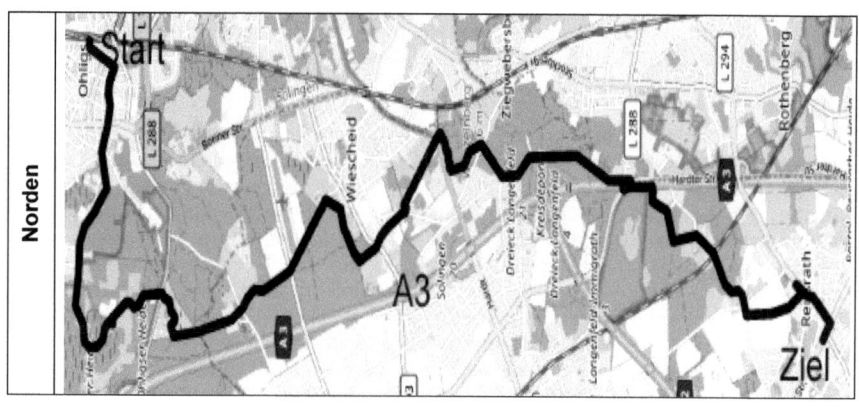

Interessante Infos unter:

Wikipedia: Ohligser Heide, Bergische Heideterrasse, Solingen, Bergisches Land, Haus Graven, Engelsberger Hof, Motte Schwanenmühle, Haus Graven, Wenzelnberg, Reusrath.

KuLaDig: Ohligser Heide

Ausblicke auf Köln und Düsseldorf zugleich
Von Leichlingen-Herscheid nach Leichlingen (Zentrum)

Schon am Anfang hat man einen atemberaubenden Ausblick und am Ende wieder. Zwischendurch wandert man in den Wupperbergen hin zur Wupperaue und am Fluss entlang, bevor es zur zweiten Ausblickstrecke mit gleichzeitigem Blick auf Köln und Düsseldorf geht. Start ist auf einer Höhe von 230 Metern und zwischendurch geht es auf 80 Meter über NN an der Wupper entlang, um dann vor Schluss von 130 Metern Höhe den atemberaubenden Doppelblick zu haben. Vom Doppelblick an geht es nur noch abwärts ins Zentrum von Leichlingen und zu dessen Bahnhof.

Geschichtsträchtig beginnt unsere Wanderung in Herscheid – ein Wohnplatz schon im 14. Jahrhundert. Zum Namen Herscheid kam der Platz durch einen Besitzerwechsel im 16. Jahrhundert. Zuvor wird er Flamersheim – angelehnt an den Besitzernamen – genannt. In der frühen Neuzeit war Herscheid ein Rittersitz, dessen letzte Spuren 1953 beseitigt wurden. Die Haltestelle, von der aus wir starten, liegt in Leichlingen-Herscheid unweit des **Bechhauser Weges**. In diesen Weg gehen wir. Sofort am Beginn unserer Route werden wir an einer kleinen Streuobstwiese auf den Leichlinger Obstweg in Witzhelden aufmerksam gemacht. Der Weg steigt leicht an und schon nach 150 Metern blicken wir rechts in die Kölner Bucht. Das Vergnügen dieses Ausblicks haben wir nun auf einer Wegstrecke von 600 Metern Länge. Zunächst sehen wir die noch tätigen Braunkohlekraftwerke an der nördlichen Ville – grob orientiert bei Bedburg in fast 40 km Entfernung. Bei guter Sicht erkennt man sogar in Richtung Aachen die Dampfwolken beim 65 km entfernten Kraftwerk Eschweiler. Wir streifen eine Pferdekoppel linker Hand und biegen nach rechts in den zum Windrad hin führenden Weg. Beim Windrad stand vom Anfang der 1960er-Jahre bis November 2017 ein 205 Meter hoher Sendemast – bei guten Sichtverhältnissen auch aus der Rheinebene bei Köln erkennbar. Er wurde gesprengt. Die Satteliteneübertragungstechnik hatte ihn überflüssig gemacht. Auch der unweit befindliche Richtfunkturm ist mittlerweile ohne Funktion.

Vor dem Windrad biegen wir links ab. Nach wie vor sind wir überwältigt vom Blick in die Kölner Bucht. Immer mehr sehen wir von Kölner Landmarken: Der Colonius ist leicht erkennbar, beim KölnTower im Media Park fällt das Erkennen schon schwerer, weil dessen Glasfassade sich nicht sehr deutlich von der Umgebung abhebt, der Dom jedoch ist immer noch der kolossale schwarze Geselle, als den ihn Heinrich Heine fast 40 Jahre vor der Vollendung des mittelalterlichen Bauwerks bezeichnete. Wer einen kurzen Blick nach links wirft und sich dabei vom grandiosen Ausblick abwendet, der sieht die Dachpyramide des „Alten vom Berge" aus Witzhelden herausragen. Mit der „Alte vom Berge" wird der aus dem 12. Jahrhundert stammende romanische Kirchturm bezeichnet, der zur Kirche St. Henricus gehörte. Der Zehnte dieser Kirchengemeinde stand dem Stift St. Gereon in Köln zu. 1560 wurde das lutherische Bekenntnis in Witzhelden eingeführt. Baufälligkeit des Kirchschiffes veranlasste 1768 dessen Abriss und den Bau eines barocken Saalbaus. Der Turm blieb erhalten und bekam im Volksmund die genannte Bezeichnung.

Wir haben alle Veranlassung, nach rechts zu schauen und den südlichen Teil der Niederrheinischen Bucht, Kölner Bucht genannt, zu studieren und uns an den Landmarken zu orientieren. Zu beschaulicher Betrachtung lädt am Weg nach Krähwinkel im Weltersbachtal eine Bank ein. Von ihr können wir den großartigen Landschaftsblick auf uns wirken lassen. Bis zur Eifel können wir schauen und erkennen auch hin und wieder dort die „Hohe Acht". Diesen Ausblick hat man nicht oft. Man kann auch sagen: Er ist einmalig.

Mit Erreichen der Wohnhäuser in Oberkrähwinkel endet unser Ausblick. Unser Wanderweg läuft in den **Turmweg** ein. Wir passieren eine ironisch gemeinte Wetterstation, deren Ansagen auch noch nach 15 Bier plausibel sind und landen in der Quellmulde des Weltersbaches. Unsere Route trifft auf die Straße **Krähwinkeler Weg**. Hier schlagen wir die Richtung parallel zum Weltersbach und dessen Fließrichtung ein. Vor der Industrialisierung war der Weltersbach in seinem Verlauf zur Wupper hin ein Mühlenbach. Wir sind noch auf dem Obstweg, wie wir an den Informationen am Wegesrand erkennen. Den ersten Abzweig nach rechts hinter der Bushaltestelle „Alt Krähwinkel" des Bürgerbusses Witzhelden nehmen wir und gehen eine Wegstrecke von 150 Metern steiler aufwärts. Nach links hin werden wir durch einen Ausblick in die Rheinische Bucht belohnt. Am Linksknick des Weges steht wieder eine Bank. Wir sollten uns durch sie wieder zu einem längeren Ausblick verlocken lassen.

Wir verlassen unsere Bank und setzen unseren Weg fort bis zum links abgehenden Weg zu den Pferden des Sieferhofes. Die Platanenallee führt leicht abwärtsfallend an großen Pferdeställen und Reithallen vorbei und endet in einer Wohnsiedlung, wo der Weg und damit unsere Wanderwelt zu Ende zu sein scheinen. Wir sehen dort fünf Garagentore, ein älteres und ein recht neues Wohnhaus und nach rechts in der linken Ecke des Platzes einen Riesenapfel mit Tisch und Bank. Und dort kann es sein, dass auf dem Tisch Apfelsaft, Gläser und ein Sparschwein stehen, in das man sein Geld einwirft, wenn man das Getränkeangebot nutzt. Dabei sieht man, dass vom Tisch weg, der Wanderweg – auch als Obstweg markiert – weitergeht. Vor uns liegt ein ab- und aufschwingendes gehendes Wegstück. Wir queren die Quellmulde eines dem Weltersbach zufließenden Baches. Der Weg aufwärts führt an einer großen Werkhalle des Unternehmens ZWEIWEG vorbei. Der Unternehmsnamen signalisiert auch das Produktprogramm. Es werden Fahrzeuge gefertigt, die sowohl straßen- wie schienentauglich sind. Mitten im Grün der Wiesen und Weiden hat man das nicht erwartet.

Unser Wald- und Wiesenweg mündet bei Oberbüscherhof in die L 359. Wir gehen nach links, sehen rechts den Hinweis auf die Einkehrmöglichkeit „Haus Klippenberg" und gehen an der folgenden Kreuzung rechts. Die Straße laufen wir bis zur Querstraße durch und biegen dort nach links ab. Danach geht es rechts und am Hinweisschild zum Gut Paulinenhof vorbei in den Wald. Hier lassen wir die Teerstraße hinter uns und gehen auf einen immer waldiger werdenden Weg. Er führt auf die südlichen Steilhänge des Wuppertales zu. Der Weg geht in eine Linkskurve und unterquert eine breite Hochspannungstrasse mit 220 kV- und 380 kV-Leitungen. Auffällig wird danach die auf der rechten Wupperseite auf dem Plateau des Hochufers stehende evangelische Kirche von Solingen-Widdert.

Den nach der Hochspannungsleitung von unserem nach rechts abgehenden Weg zum Rüdenstein ignorieren wir, auch die folgende Aussichtsbank können wir vernachlässigen, weil uns am Wetterpilz, der alsbald folgt, ein komfortablerer Platz winkt, der sich auch gut für eine Vesperpause eignet – und zum beschaulichen Betrachten. Am Wetterpilz geht es geradeaus auf einem bequemen Waldweg weiter. Knapp vor einer Linkskurve geht wieder ein Weg rechts ab. Er hat eher Pfadcharakter und weil er durch den Steilhang des linken Wupperufers führt, meiden wir ihn und wandern auf unserem breiten Weg weiter. Er führt mit geringen Höhenschwankungen zum Quellgebiet des Radbaches hin, kurvt nach Überschreiung des Gewässers alsbald ins Tal des St. Heribert Baches und geht nach der Überschreitung des Wollberger Baches und des St. Heribert Baches in Richtung Wupper auf die Wohnstelle Rödel am Fluss zu. Wir streifen die Siedlung Fähr und erreichen die Wupper. Vor der Rödeler Brücke biegen wir links ab. Es folgt ein angenehm kühler, wenig belaufener Weg mit einigen eindrucksvollen Felsaufschlüssen im Sandstein des linken Steilufers der Wupper, bevor der Fluss ins breite Rheintal eintritt. Am Ende der Siedlung Rödel steht rechts eine wenig genutzte Bank. Wer sich niederlässt, hört das Rauschen der Wupper, die hier eine niedrige Schwelle überströmt. Die Wupper begleitet uns bis zur Fußgängerbrücke, die zum Gasthof Friedrichsaue führt.

Nach der Fußgängerbrücke gehen wir achtsam weiter. Nach Wegzeichen rechts am Baum, die links weisen, nehmen wir den links schräg weggehenden, aufwärts führenden Pfad bis Leysiefen. Am Ende des Waldweges biegen wir rechts ab in den Ort hinein. Die Straße **Leysiefen** nach links genommen, führt zu einer Gabelung, in der ein Umspannkasten steht. Der Weg links davon bringt uns nach Oberschmitte. Anfänglich ist das noch einmal ein merklicher Anstieg, den wir aber leicht bewältigen, wenn wir uns Zeit gönnen. Wenn wir an einer Streuobstwiese aus dem Wald treten, haben wir die letzte anspruchsvolle Steigung hinter uns. Vor uns liegt der Ort Oberschmitte. An der Grundschule Bennert treffen wir auf eine Querstraße, gehen dort links und dann nach ungefähr 60 Metern rechts ab – zwischen der Schule und einem Gebäude, in dem Nachmittagsbetreuung der Schulkinder stattfindet. Der schmale Pfad schlängelt sich an einem Spiel- und Sportplatz vorbei. Am Querweg **Bennerter Obstweg** gehen wir links und dann an der **Bergstraße** (K10) nach rechts. Nach wenigen Metern geht es von dieser Straße links ab in eine Nebenstraße, die zur Siedlung Bergerhof führt.

Sofort sehen wir wieder die vom Anfang der Wanderung her bekannte Landschaft aus einem anderen Blickwinkel. Auf der weiteren Strecke bis zu den Häusern sehen wir die Kraftwerke und vermeinen auch, den Fernsehturm von Düsseldorf zu erkennen. Um in den Genuss des Doppelblicks auf Köln und Düsseldorf zu gelangen, durchlaufen wird die Straße geradeaus weiter bis zur L 359 – hier **Julius-Pohlig-Straße** genannt. In sie biegen wir rechts ein und wieder rechts ab in eine

Straße mit Wegweisung in Richtung Leichlingen. Wir laufen eine Straße, die hier noch die Bezeichnung **Bergerhof** trägt und im Zentralort Leichlingen als **Bechlenberg** bezeichnet wird.

Fortgeführt wird unsere Wanderung in Leichlingen geradeaus auf der **Mittelstraße** bis zur querlaufenden **Marktstraße**. Wir nutzen die Ampel zur andren Straßenseite, laufen dort links und vorbei an der evangelischen Kirche bis zum Kreisverkehr und dort nach rechts in die **Brückenstraße**. Es geht über die Betonbogenbrücke und dann rechts weiter auf der von der Wupper wegführenden **Uferstraße** und vorbei am Friedhof die L79 (Landwehrstraße/Bahnhofstraße) querend – ein paar Meter auf der Hochstraße – zum Bahnhof Leichlingen.

Informationen zur Route:

Wanderkarte: NRW Wanderkarte 48 Solingen, Remscheid, Hilden, Burscheid, Wermelskirchen 1 : 25 000, Aufl. 2021 (GeoMap Karte)
Streckenlänge: ca. 15 km
Start: Herscheid, Leichlingen-Witzhelden, Hst. der Busse 252, 258
Ziel: Leichlingen Bf, Hst. von RB48 und der Busse 250, 251, 253, 254, 255, 257, 258, 178, 694.
Track: Tour #178889: Ausblicke auf Köln und Düsseldorf zugleich

Routenskizze

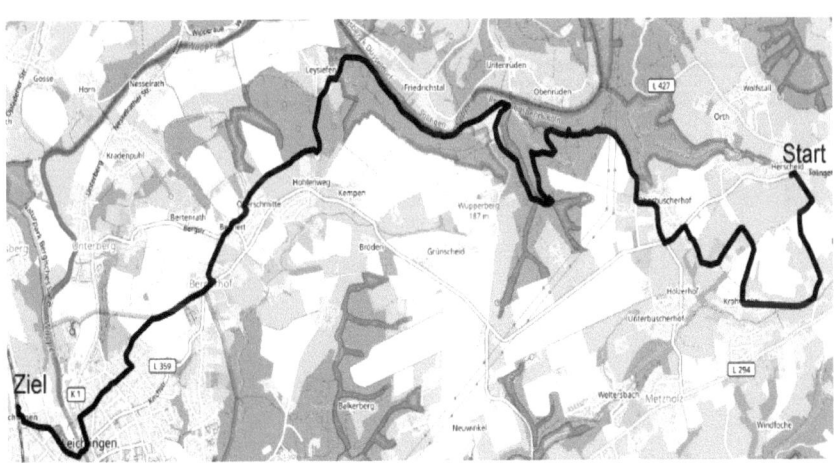

Interessante Infos unter:

Wikipedia: Herscheid (Leichlingen), Witzhelden, Alte vom Berge (Witzhelden), Wupper, Widdert, Leichlingen, Brücke (Leichlingen) Langerscher Balken,

Suchmaschine: Marly-le-Roi-Brücke

Natur, Geschichte, Kunst im Chorbusch
Von Worringen über Knechtsteden nach Dormagen Bf

Schnee liegt selten in Köln und um Köln herum. So ist in den Wintermonaten die Lage auch im Chorbusch. Dieses Waldgebiet gehört zum Knechtstedener Wald. Er ist am Niederrhein die größte geschlossene Waldfläche, die sich im Chorbusch hauptsächlich als naturnaher Stieleichen-Hainbuchenwald darbietet. Das Gebiet gilt als europäisches Naturschutzerbe und ist den Regeln zur Erhaltung der natürlichen Lebensräume sowie der wildlebenden Tiere und Pflanzen (FFH-Habitat-Richtlinie) unterstellt. Und natürlich: Wie in der Region normal, kann ganzjährig bequem gewandert werden – manches Mal auch mit Schlamm an den Schuhen.

Hier wandert es sich auf flachen Wegen bequem und auch im Winter auf eindrucksvollen Wegen. Entlaubte, bizarre Baumgebilde wechseln mit kleinen Zellen immergrüner Nadelbäume. Bei der Wanderung begleiten uns die Flussrinnen des Altrheins. Sie prägen die Bodenoberfläche deutlich wellig. Hin und wieder schreien Bussarde und wer Ende Februar bis Mitte März dort wandert, kann die Rufe der Kraniche hören und sieht an Lichtungen oder auf den Freiflächen rund ums Kloster deren Flugformation.

Die Route, die hier beschrieben ist, geht von Worringen durch den Chorbusch zu Kloster und Basilika und weiter nach Dormagen. Möglich ist auch, statt nach Dormagen alternativ von Knechtsteden nach Stommeln zu gehen oder mit den Buslinien 871 und 883 von Knechtsteden aus den S-Bahnhof Dormagen zu erreichen. Busfahrer haben dann 12 km gewandert. Nach Dormagen sind es vom Kloster aus noch einmal ca. 8 km und nach Stommeln wären es ungefähr 10 Kilometer.

Start der Wanderung ist an der Bushaltestelle am S-Bahnhof Köln-Worringen. Das Kölnpfadzeichen (angebracht an einem Verkehrsschild für Radfahrer) weist uns in

Richtung Worringer Bruch. Gegenüber dem Zugang zum Bruch biegen wir – vom Kölnpfadwegzeichen geleitet – rechts ab zur Fußgängerunterführung unter die Eisenbahngleise. Hinter der Unterführung sehen wir die Kirche von Roggendorf und ein früheres Schulgebäude. Wir gehen darauf zu, biegen dann nach links in die **Berrischstraße**, die wir noch ein kleines Stück auf dem Kölnpfad nutzen. An Haus 162 gehen wir nach rechts in eine unscheinbare, sehr schmale Gasse – erkennbar durch ein Gehweg-Schild. Geradeaus gehend erreichen wir einen Kinderspielplatz, über den wir halblinks den Weg nehmen. Am **Fortuinweg** nutzen wir an der linken Seite des Parkplatzes den Fahrradweg nach rechts und gehen am Pletschbach entlang. In die **Sinnersdorfer Straße** biegen wir nach links – vorbei am links liegenden einstmaligem Gut Bachhof – und dann am Wegkreuz (1918 von der Familie Oster errichtet) nach rechts in Richtung Gilleshof. Der Gilleshof und die nebenstehende Trafostation sind historisch. Kürzer, aber auch eintöniger geht es von der Rückseite des Bahnhofs auf der **Sinnersdorfer Straße** bis zum Wegkreuz an der **Further Straße** in Richtung Gilleshof.

Am Gilleshof haben wir eine gute Aussicht auf die Erdölchemie – erkennbar an dem „EC" auf den Schornsteinen – auf der Grenze zwischen Köln und Dormagen. Heute heißt das Unternehmen Ineos und ist ein wichtiger Rohstofflieferant für die Chemieindustrie. Erkennbar sind auch Anlagen von Bayer-Dormagen. Unser Weg führt weiter am links liegenden, in der Regel wasserlosen Pletschbach vorbei zur Unterführung unter die **Worringer Landstraße**. Am rechts liegenden Reiterhof vorbei gehen wir auf die Autobahn zu. Bei deren Überquerung haben wir einen guten Blick auf die Chemieindustrie Dormagens im Norden und einen Golfplatz im Nordosten; schwach erblicken wir nordwestlich das schlossähnliche Haus Arff. Erstmals wird 1366 die ehemalige Wasserburg des namengebenden Ritters van Arff erwähnt. Im Kölner Krieg von 1583 bis 1588 wurde der Rittersitz zerstört. Bei diesem Krieg verhinderten bayerische und spanische Truppen, dass der damalige Kölner Erzbischof das Erzbistum Köln in ein säkulares protestantisches Fürstentum verwandelte. Als Folge wurde Ernst von Bayern – aus der Wittelsbacher Dynastie – Erzbischof von Köln. 200 Jahre lang waren nun Wittelsbacher Prinzen Erzbischöfe im Kurfürstentum. 1750 bis 1755 wurde das sichtbare Schloss erneuert. Seit 1803 besaß die Familie Geyr von Schweppenburg das Schloss, dessen Eigentumsverhältnisse nach dem Tode der Eigentümer im Frühjahr 2015 ungewiss wurden.

Weitergehend gelangen wir wieder zum früheren Bett des Pletschbaches. Das Bachbett wird uns ungefähr noch 1,5 km begleiten. Es ist kein Fließgewässer mehr, oft zugewachsen und verschüttet. Uns führt der begleitende Weg zum Kölner Randkanal. An ihm gehen wir links bis zu seiner Überquerung, informieren uns dort über die Funktion des Hochwasserschutzsystems und laufen nach rechts über den **Lehmbergweg** auf den vor uns liegenden Chorbusch zu. Links von uns sehen wir das mächtig aufragende „Kraftwerk Niederaußem".

Nach Passage eines Hofgutes liegt links ein Wanderparkplatz. Hier betreten wir eines der größten zusammenhängenden Waldgebiete am Niederrhein. Unser Weg – der **Sandweg** (A5) – geht an einer Buche mit Madonnenbild vorbei. Einige Zeit nach einer Naturzelle, in der der Wald sich natürlich entwickeln soll, treffen wir auf den **Hackenbroicher Weg**, in den wir westlich gerichtet einbiegen, um am nächsten Querweg einen nach NW verlaufenden schnurgraden Weg zu nehmen. Nach ungefähr 1,5 km biegen wir (an einer Bank und einem Naturschutzschild) nach links ab und alsbald wieder rechts. Der Weg führt randnah an der Gärtnersiedlung „Blechhof" vorbei. Noch einmal geht es links und dann rechts. Zielpunkt ist der Waldparkplatz Knechtsteden an der L 280. Von dort aus sehen wir die romanische Klosterkirche und auch das Restaurant Klosterhof. Wir entscheiden jetzt: Schauen oder essen oder eins nach dem anderen.

Kloster Knechtsteden ist durch zwei Baustile gekennzeichnet: Romanik und Barock. Die ursprüngliche Klosterkirche wurde zwischen 1138 und 1181 im romanischen Stil errichtet. Zwei große kriegerische Auseinandersetzungen führten zu erheblichen Zerstörungen der Basilika: 1288 war die Schlacht bei Worringen, bei der es um Fragen der Erbnachfolge ging. Letztendlich spielten Machtinteressen, Schacher und Schwäche eine Rolle. Stark war der Herzog von Brabant, dem der Graf von Berg aus militärischer Schwäche Erbrechte verkauft hatte. Die Stärke des Brabanters wollte der Kölner Erzbischof nicht dulden und so kam es zur angeblich größten Ritterschlacht des Mittelalters bei Worringen. Sagenhaft kniehoch soll das Blut gestanden haben – eine damals beliebte Metapher für grausames Gemetzel. Die andere Auseinandersetzung fand 1474/75 bei Neuss statt. Da ging es um die Einschränkung von Rechten der Städte und Stände durch den Kölner Erzbischof. Die sich hinziehenden Auseinandersetzungen endeten 1478 mit der Gefangennahme des Erzbischofs. Für Knechtsteden brachten die kriegerischen Auseinandersetzungen die Zerstörung der Ostapsis der Klosterkirche. Sie wurde dann im gotischen Stil wieder aufgebaut.

Die Klosterkirche verlangt unbedingt einen Besuch: Die Basilika ist doppelchorig – ein Chor im Osten (ursprünglich romanisch, heute gotisch) und einer im Westen (romanisch). Markant sind
- der Stützenwechsel, d. h. die Abfolge von Pfeiler und Säule,
- im Westchor Bemalung aus dem 12. Jahrhundert mit thronendem Christus,
- farbig restaurierte Kapitelle aus der Mitte des 12. Jahrhunderts.
Im 18. Jahrhundert wurden viele Gebäude der Klosteranlage im barocken Stil neu errichtet. Das Torhaus von 1723 ist dafür ein auffallendes Zeugnis.

Wanderer nach Dormagen gehen vom Klosterhof aus rechts, überqueren die L 280, und gehen dann nach links. An der beschilderten Abzweigung geht's rechts bis zum **Blechhofweg**. Auf diesem Weg geht es in südöstliche Richtung. Der Weg wird nach der Ansiedlung – um 1965 mit 45 Gärtnereibetrieben – genannt. Bis zur kommunalen Neugliederung 1975 gehörte Blechhof zu Köln. Wir laufen durch die Siedlung. Auffallend sind die hochgemauerten vierkantigen Kamine und die vielen Gewächshäuser. Viele Gärtnereien sind verschwunden und am Ende dieses Wegabschnittes – im **Buschweg** – stehen heute Villen. Diesen Weg laufen wir bis zur querenden „Hauptstraße", biegen kurz nach links und dann nach rechts in den **Holzweg**. Alsbald endet die asphaltierte Wegstrecke. Wir gelangen an ein Wegkreuz, das Augustus Reichsgraf Salm-Dyck 1745 errichten ließ. Das Wegkreuz mit zwei Bänken lassen wir rechts liegen und gehen geradeaus, vorbei an einem Wasserwerk, das von Currenta betrieben wird. Am Parkplatzhinweis zum Tennisclub Bayer Dormagen biegen wir nach links ab und gehen einen Teerweg Richtung „Balgheimer See" bis zur **Provinzialstraße** (L 280). Deren Fahrradweg in Richtung Dormagen-Horrem bringt uns dem S-Bahnhof näher. Dorthin überqueren wir die Autobahn 57 und wenden uns an der **Heesenstraße** nördlich bis zur **Knechtstedener Straße**, auf der wir strikt östlich ca. 300 Meter bis zum Bahnhof Dormagen gehen.

Informationen zur Route:

Wanderkarte: Pulheim, Topographische Karte 1:25 000 – bei Bedarf ergänzend: Leverkusen, Topographische Karte 1:25 000, hilfsweise die Freizeitkarte 18, Köln, Nördliche Ville, 1:50 000, Aufl. 3, 2001.
Streckenlänge: ca. 21 km
Start: Worringen S-Bahn, Hst. von S6, S11 und der Busse 120, 123, 885, 885E, 980, SB91
Ziel: Dormagen Bf. Hst. von S11, RE7 und der Busse 871, 873, 875, 881, 882, 883, 884, 886, 887, NE1 DOR, NE2 DOR, NE3 DOR, SB91, WE1, WE2.
Track: Tour #178891: Natur, Geschichte, Kunst im Chorbusch

Routenskizze

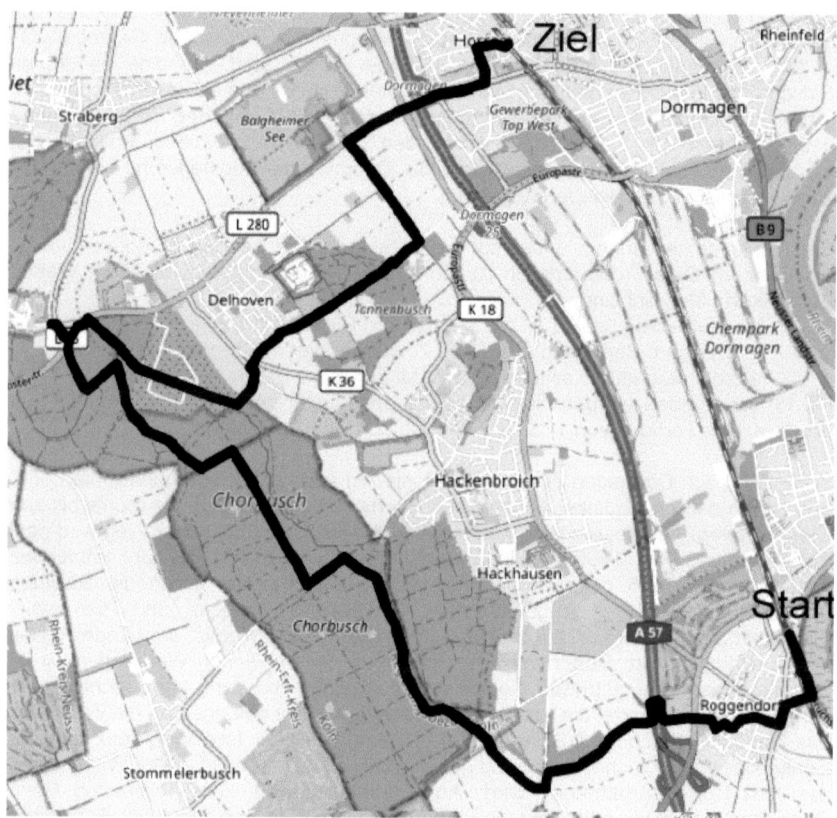

Interessante Infos unter:

Wikipedia: Schloss Arff, Kölner Randkanal, Chorbusch, Knechtstedener Wald, Kloster Knechtsteden, Delhoven, CHEMPARK Dormagen, Dormagen

Der ideale Wanderweg
Von Schlebusch über Altenberg bis Burscheid

Der ideale Wanderweg vor den Toren Kölns ist besonders attraktiv: Verkehrlich ist er gut angebunden. Er führt durch viel Laubwald – auch mit einem kurzen Hohlweg, der an den Ausspruch Wilhelm Tells „... durch diese hohle Gasse muss er kommen ..." erinnert. Er bietet tolle Ausblicke in die Rheinische Bucht, führt vorbei an plätscherndem Wasser und durch die Auenniederung der Dhünn. Er verweist auf die Ursprungsgeschichte des Bergischen Landes. Es gibt zwei gute Anstiege, über die sich der Kreislauf freut. Und es liegen mehrere Einkehren am Wege wie auch die Möglichkeit, die Wanderung nach ungefähr der Hälfte der Strecke – nämlich in Odenthal – zu beenden und mit öffentlichen Verkehrsmitteln wieder nach Köln zurückzukehren.

Entworfen wurde die Route als idealer Weg anlässlich des 125-jährigen Bestehens des Kölner Eifelvereins (KEV) im Jahr 2013. Die Route setzt sich zusammen aus den Wanderwegen 10 und 7 des Kölner Eifelvereins und der Höhenroute der Gemeinde Odenthal.

Der Weg fängt schon ideal an: Es gibt zwei Haltestellen des öffentlichen Nahverkehrs am Startort in Schlebusch (KVB-Linie 4 und Bus 260 „Nittumer Weg") sowie zahlreiche Autoparkplätze. Direkt zu Beginn wandern wir durch Wald. Hinzu kommt, was bei einer Streckenwanderung meist schwierig ist: Vom Wanderziel aus gelangt man per Buslinie 260 zum Ausgangspunkt zurück. Somit sind Autofahrer nicht auf einen Rundweg beschränkt, sondern können bequem eine Streckenwanderung machen!

An der Haltestelle Schlebusch machen wir uns mit dem Wegzeichen des KEV-Wanderwegs 10 vertraut – wir orientieren uns an der Spitze des offenen Winkels – und können auch gleichzeitig noch die Wegekarte des Kölner Eifelvereins für den Kölnpfad studieren. Wir gehen in Richtung Osten in den leicht ansteigenden **Nittumer Weg**. Linker Hand unseres Startweges befinden sich Hecken der angrenzenden Waldsiedlung und rechts liegt der Dünnwalder Wald. Wir überqueren die **Bensberger Straße**, von der aus es alsbald durch einen kurzen Hohlweg ins Dhünntal geht.

Die sanfte Senke erfreut: Pferdekoppeln säumen unseren Weg, Kühe weiden und wir durchqueren den kleinen, romantischen Fachwerkweiler Hummelsheim mit alten Bäumen, Obstbaumgärten und verwunschenen Häusern. Nach Überquerung der

Odenthaler Straße (L 288) bietet die Dhünnaue mit ihrer offenen Landschaft bei Sonnenschein viel Licht. Beim Anstieg nach Uppersberg lohnen seitwärts gewandte Rückblicke in Richtung Leverkusen. Dort steigen Dampfwolken über dem Horizont auf und beim Bergangehen sehen wir bis zu den Braunkohle-kraftwerken der Ville.

Wir passieren ein 200 Jahre altes, einfaches Fachwerkhaus an der linken Straßenseite, an dem Schilder mit stilisierten Steinböcken angebracht sind. Der Hausbesitzer hat sie nach einem 2000 Jahre alten Vorbild aus Asien gemalt, um sein Haus vor hochbeladenen Lastwagen zu schützen.

Weiter bergan bietet sich wiederum ein fantastischer Ausblicke in die Kölner Bucht über den Dom hinweg bis hin zum Eifelrand – wenn das Wetter mitspielt. Den Standort weiß auch ein Einfamilienhausbesitzer zu schätzen. Er nennt sein Haus „Villa Hügel". Sommertags beeindrucken einige Hausgärten im Ort durch die Vielfalt der Pflanzen und die Blütenpracht.

Aber Vorsicht: Am **Edelrather Weg** folgen wir dem Wanderweg 10 des KEV nicht weiter. Wir müssen nach rechts abbiegen nach Osenau hin. Dabei laufen wir am linken Rand der Straße – quasi auf einem Kammweg. Hier lohnt es, immer wieder stehenzubleiben und den Blick rückwärts in die Kölner Bucht zu lenken, bevor es an der Haltestelle Osenau-Nord rechts talwärts geht. Ab jetzt leitet uns auf zwei Kilometern die Markierung **Odenthaler Höhenweg**. Im Tal angekommen, können wir in nordöstlicher Blickrichtung ein schlossartiges Gebäude am Hang erblicken. Die Villa mit Stilelementen der Neorenaissance und der Neugotik sollte den Kern der Ansiedlung reicher Stadtflüchtlinge Ende des 19. Jahrhunderts bilden.

Am Kreisverkehr wenden wir uns nach rechts und gehen auf der linken Straßenseite bis hinter die Dhünnbrücke, um am ersten Fahrweg – **Unterbech** – nach links abzubiegen. Nach der Überquerung des Schwarzbroicher Baches führt unser Weg unmittelbar nach links auf den Wanderweg 7 des KEV. Die Einmündung des Bachs in die Dhünn irritiert, denn sie erfolgt gegen die Flussrichtung des aufnehmenden größeren Gewässers.

Der Weg führt nach einer kurzen Strecke etwas undeutlich dhünnaufwärts, geht um ein großes Abwasserrohr herum und weist uns durch den Uferbereich zu einem kurzen Steilufer – von den Geographen „Prallhang" genannt – mehrere Meter über dem Flüsschen. Der Weg ist durch ein Drahtseil gegen das Steilufer der Dhünn gesichert. Nach der Überquerung der Dhünn nach rechts gehen wir auf dem markierten KEV-Weg nach Odenthal. Hier bieten sich zwei Einkehrmöglichkeiten an und auch die Möglichkeit, die Wanderung – nach 10 km Wanderweg – zu beenden.

Kurz kann man die romanische Pfarrkirche St. Pankratius mit der ältesten Glocke des Rheinlandes und einem Taufstein aus dem 12. Jahrhundert besuchen. Das nahebei stehende Rathaus wird von einer reitenden Hexe geziert. Unweit der Kirche steht auch der stets brodelnde Hexenbrunnen, der an die im 17. Jahrhundert hingerichteten Hexen erinnert.

Von unserem Abstecher zu Kirche und Hexenkessel gehen wir wieder zur Dhünnbrücke und wandern auf dem **Mühlenweg** – markiert als KEV-Wanderweg 7 – gewässeraufwärts vorbei an der denkmalgeschützten Steiner Mühle. Dort befindet sich eine Modellschau sowohl mit Modellen des durch eine Explosion geschädigten Altenberger Domes als auch der Burg Berge. Auch Modelle von Wassermühlen und von landwirtschaftlichen Gerätschaften sind zu sehen.

Wir gehen bis zur **Bergstraße** und von dort wenige Meter abwärts zur **Altenberger-Dom-Straße**. In Richtung Menrath wandernd, sehen wir rechter Hand das um 1300 erstmals erwähnte Schloss Strauweiler – heute im Besitz der Berleburger des Adelsgeschlechts Sayn-Wittgenstein. Der angrenzende Wildpark mit 448 Hektar gehört zum Schloss. Hinter Menrath geht es rechts über die Dhünn – mit Blick auf die Allee **Eichenbergdelle**. Wir biegen sofort nach links ab und wandern nahe der Dhünn bis Altenberg. Dabei passieren wir den Ursprung des Bergischen Landes – den an der Dhünn liegenden Burghügel, auf dem einstmals die Burg Berge stand. Das folgende Kloster Altenberg wurde von Zisterziensern errichtet. Die Bergischen Grafen hatten nach ihrem Umzug nach Burg an der Wupper das Gelände den Mönchen zur Bewirtschaftung überlassen. Die aufgegebene Burg lieferte das Baumaterial für die Errichtung der Klosternlagen.

Der Altenberger Dom – auch Bergischer Dom genannt – ist ein Kleinod. Er ist in Wirklichkeit eine nach den Zisterzienserregeln errichtete Klosterkirche – ohne Türme nur mit Dachreiter, aber mit dem größten Kirchenfenster nördlich der Alpen. Die ursprünglich schlichte Ausstattung hat der Dom längst verloren. Schwere Zerstörungen nach der Säkularisation wurden ab 1835 beseitigt – mit hohem Engagement des preußischen Königs, auf dessen Anordnung hin das Gotteshaus noch heute von beiden christlichen Bekenntnissen simultan genutzt wird. Hinter der Markuskapelle lädt die Gaststätte „Küchenhof" zur Einkehr ein.

Den Domvorplatz verlassen wir durch die westliche Durchfahrt der Klostermauer. Auf dem KEV-Wanderweg 10 geht es nun über den **Märchenwaldweg** und weiter bis zur Furt über den Eifgenbach nahe Schöllerhof. Der dann bequeme Weg im Eifgenbachtal führt am Bergischen Meer vorbei. Eine Infotafel erklärt, was nur bei entlaubten Bäumen zu sehen ist: Die Versteinerung des Meeresstrandes eines hiesigen Meers von vor ca. 300 Millionen Jahren. Oberhalb im Gelände können nach steilerem Anstieg die Bodenspuren von Ringwällen der frühmittelalterlichen Eifgenburg besichtigt werden.

Zurück auf dem Wanderweg 10 führt uns dieser aus dem Eifgenbachtal heraus – abschnittsweise steil – bergan am Thomashof vorbei. Wo der **Hammerweg** auf die B 51 trifft, gehen wir nach links und erreichen nach ca. 150 Metern unser Ziel, die Haltestelle von Bus 260 in Richtung Köln.

Informationen zur Route:

Wanderkarte: Bergisch Gladbach/Odenthal/Königsforst 1:25 000 (Das Kartenblatt zeigt den Weg ab südlich Waldsiedlung (Leverkusen).

Die Wegmarkierung mit dem offenen Dreieck – hin und wieder mit Zifferzusatz – findet sich an Wegkreuzungen, Wegabbiegungen, unklaren Wegstellen und als Wiederholungszeichen auf der Strecke.

Streckenlänge: 18 km
Start: Schlebusch. Leverkusen, Hst. der KVB-Linie 4 und der Busse 202, 205, 260 (Hst. Nittumer Weg).
Zwischenziel (ZS): Herzogenfeld, Odenthal, Hst. der Busse 212, 238, 430, 432, 434.
Ziel: Kaltenherberg Ort, Burscheid, Hst. der Busse 213, 260, 430.
Track: Tour #178892: Der ideale Wanderweg

Routenskizze

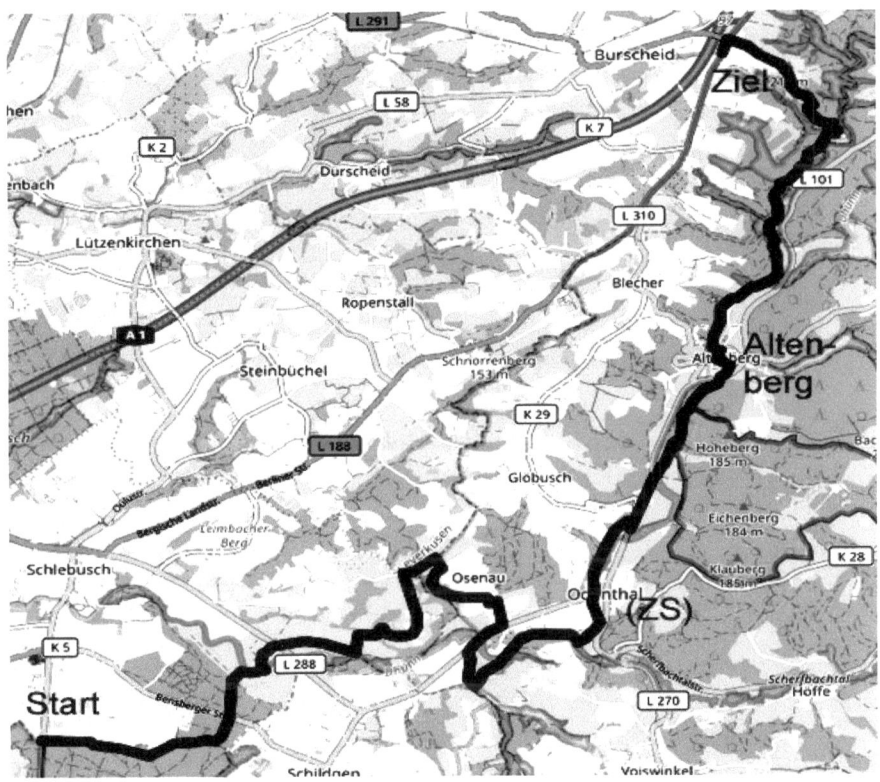

Interessante Infos unter:

Wikipedia: Dünnwalder Wald, Hummelsheim (Leverkusen), Ville (Rheinland), Kraftwerk Niederaußem, Kölner Bucht, Osenau, Odenthal, Schloss Strauweiler, Burg Berge, Altenberg (Bergisches Land), Zisterzienser, Abtei Altenberg, Altenberger Dom, Simultankirche, Säkularisation, Bergisches Land, Rippel, Eifgenburg, Burscheid.

Suchmaschine: Die Waldsiedlung - Stadt Leverkusen, Uppersberg Leverkusen.

41

Blick auf Köln vom Bergweg des Kölnpfads

Von Thielenbruch bis Bensberg

Wald, Wald und Wald und schöne Ausblicke auf Köln – das bietet unsere Wanderstrecke. Auf ihr werden wir durch das Kölnpfadzeichen geführt. Der Kölnpfad ist der Rund-um-Köln-Weg – geplant, genehmigungsfähig gemacht und ständig markiert durch ehrenamtlich tätige Mitglieder des Kölner Eifelvereins. Der ganze Rundweg ist 170 km lang und in elf Etappen von 9 bis 22 km oder 17 Teilstücke von 6 bis 12,5 km aufgeteilt.

Unser Weg verläuft nach Einschätzung vieler auf dem schönsten Abschnitt – eben wegen der Wälder, den Anstiegen, den schönen Aussichten und natürlich auch wegen des Ziels, dem prachtvollen Bensberger Schloss des Kurfürsten Jan Wellem. Vom Schlossplatz schaut man – bei relativ klarer Sicht – geradewegs zwischen die beiden Türme des Kölner Doms.

Ohne Anstrengung laufen wir die ersten 6 km aus der Rheinebene in Richtung Bergisches Land. Auf dieser Strecke steigen wir nur um 40 Meter. Auf den nächsten 3 km müssen wir einen Höhenunterschied von 30 Metern überwinden, um dann nach weiteren fast 2 km den höchsten Punkt unserer Wanderung bei 210 Metern Höhe zu erreichen. Danach geht es zwar nicht bergab, sondern wie auf der bisherigen Strecke seit Erreichen des Lerbacher Weges durch deutlich hügeliges Gelände – Tendenz fallend.

Wir starten an der Endhaltestelle Thielenbruch der KVB-Linie 18. Die Station ist der ehemalige Betriebsbahnhof der Vorortlinie G der Kölner Bahnen von Köln nach Bergisch Gladbach. 1958 wurde der Abschnitt Thielenbruch – Bergisch Gladbach stillgelegt und 1997 wurde hier das Straßenbahnmuseum eröffnet. Wenn wir die Wagenhalle verlassen, sehen wir vor uns einen Kiosk, an dessen linker Gebäudeecke die erste Markierung auf den Kölnpfad verweist. In Richtung des weisenden Pfeils gehend, gelangen wir zur Kölnpfadkarte. Von dort aus ist unser Weg nach Bensberg fast ein Kinderspiel, weil der Weg meist sehr gut markiert ist.

Kurz nach dem Start treffen wir auf einen Platz, in dessen Mitte Tisch und Bänke stehen und biegen hier nach rechts ab. Wer links geht, der gelangt nach ca. 12 km zur Haltestelle Schlebusch – aber da wollen wir ja nicht hin. Zunächst wandern wir längs des Umbachs und kommen nach ungefähr 800 Metern zu einem Hinweis auf das Strundeprojekt der Regionale 2010. Kurz danach laufen wir am Standort der 1345 erstmals erwähnten ehemaligen Gierather Mühle vorbei. Nach Überquerung der Gierather Straße wandern wir länger am Rande der Schluchter Heide, gehen über die vielbefahrene Kreisstraße 27 und laufen auf den Bensberger See zu.

So idyllisch der Bensberger See auch anmutet, er ist kein natürlicher See. Seine Ursprünge liegen im Braunkohleabbau. Die Braunkohle wurde in Hüttenbetrieben des Bensberger Erzreviers eingesetzt. Die Gewinnung der Kohle erfolgte bis nach dem Ersten Weltkrieg. Danach lief der Abbau voll Wasser und wurde in den 1990er-Jahren zu einem Naherholungsgebiet.

Das Kölnpfadzeichen führt uns an einem der ältesten Golfvereine Deutschlands vorbei – dem Golf- und Landclub Köln, der hier seit 1950 eine 18-Loch-Anlage betreibt. Wir gehen durch eine Unterführung der ehemaligen Sülztalbahn. Diese

Bahn diente der Verkehrsverbesserung der metallgewinnenden und -verarbeitenden Betriebe im Bensberger Revier. Über Stillegungen der Bahn wurde ab den 1950er-Jahre diskutiert. Betriebsschluss war 1989. Aktuell wird immer wieder die Nutzung der Trasse als Autobahnzubringer zur A4 erörtert.

Knapp 2,5 km nach dem Bensberger See erreichen wir die Grube Cox. Der Abbau des hier im Lerbacher Wald anstehenden Dolomits begann erst nach 1969. Bis 1985 wurde das Mineral gewonnen und in den Glaswerken in Porz besonders zur Herstellung von Spiegelglas genutzt. Ursprünglich sollte das Gelände verfüllt werden. Da sich aber eine seltene Tier- und Pflanzengesellschaft entwickelt hatte, wurde die Grube 1996 zum Naturschutzgebiet erklärt. Seit einigen Jahren ist das ehemalige Grubengelände auf vorgeschriebenen Wegen begehbar.

Weiter wandern wir durch den Lerbacher Wald an idyllischen Teichen vorbei und treffen an einem Wegkreuz auf die Straße **Lerbacher Weg**. Diesem Weg folgen wir. Links liegt das Lerbacher Schloss und dessen Park. Am Hinweis auf eine Milchtankstation biegen wir ab. Zwischen der Milchtankstation und Haus Oberlerbach 3 geht es auf einem Wirtschaftsweg hinauf zur Rochuskapelle. Dies ist ein längerer Anstieg, bei dem wir einen Höhenunterschied von ca. 80 Metern überwinden. Sobald wir den Hohlweg verlassen haben, die große Weidefläche und die ersten Fichten am Rande der Weide rechts von uns sehen, sollten wir uns umdrehen und den Blick in die Kölner Bucht genießen. Wir erblicken Teile Kölns und können bis zum Chemiepark Knappsack sehen. Im Hintergrund nimmt man schemenhaft die in Richtung Aachen zurückweichenden Höhenzüge der Eifel wahr. Aber dann erst: Wir genießen in Ruhe auf einer links stehenden Bank den Blick auf Köln. Der Kölner an sich wird hier beglückt durch die Aussicht auf den Dom, auch wenn er jetzt nicht gerade mit Willi Ostermann nach Köln gehen will. Der Blick ist einmalig.

Nochmals haben wir Ausblick auf die Kölner Bucht an der Rochuskapelle und bei abgeernteten Feldern von der Landstraße L329 in Breite aus. Wir folgen dem Kölnpfadzeichen und biegen wieder in den Wald. Im Wohngebiet Herkenrath könnten wir auf den Weg "Rund um Herkenrath" – auch markiert mit einem Kreis – abirren. Aber keine Sorge: Das Kölnpfadzeichen führt hier meist die Bezeichnung „Kölnpfad" mit sich. Dann streifen wir im Tal das Gelände der ehemaligen Grube Blücher und treffen auf den „blutenden Berg". Das ist eine Quelle, deren Wasser so eisenhaltig ist, dass es zu rostfarbenen Ablagerungen kommt.

An der Wegkreuzung beim Naturfreundehaus Hardt – ehemaliges Steigerhaus der Grube Blücher – führt unser Weg nach rechts. Wir gehen nun allmählich abwärts auf das untere Milchborntal zu. Nach fast 3 km können wir linker Hand ein Denkmal zusammen mit Informationstafel für den französischen Friedhof sehen. Laut Tafel wurden 4000 französische unter Napoleon dienende Soldaten – kurzerhand als Franzosen bezeichnet –, die an Verletzungen, Schwäche und Typhus im Kriegslazarett Schloss Bensberg verstarben, hier bestattet. Geht man den von diesem Denkmal leicht abwärts führenden Weg, gelangt man zum kaiserlichen Friedhof, auf dem Soldaten der österreichischen Armee aus den Kämpfen der Koalitionskriege in den 1790er-Jahren beerdigt sind. Zum Kölnpfad muss man von dort aus zurück.

Auf unserem weiteren Weg werden wir rechts vom Kirchturm der St. Nikolauskirche in Bensberg beeindruckt. Wer hier von einem Drohfinger Gottes spricht, hat keinen schlechten Einfall. Oberhalb des Freibades Milchbornbachtal gehend, sehen wir auf dem jenseitigen Berg das Schloss Bensberg – in seiner Größe beeindruckend. Nun müssen wir nach Überquerung des Bachs noch mal ca. 50 Meter ordentlich bergan. Nach fast 17 km Weg ist das für den einen oder anderen anstrengend, aber lohnend.

Haben wir die Jan-Wellem-Straße und die dortigen Häuser 7 und 6 erreicht, dann blicken wir in Richtung Bergisch Gladbach und darüber hinaus bis Düsseldorf. Da reicht unser Blick immerhin 40 km weit. Bei guter Sicht ist der Fernsehturm am Düsseldorfer Rheinufer zu sehen und alles was dazwischen liegt sowie auch die westlich der Blickrichtung liegenden Anlagen des Kölner Chemiegürtels.

Wir erreichen das Jagdschloss, das Jan Wellem bauen ließ – auch um seinem Repräsentationsbedürfnis als Kurfürst von der Pfalz und angedachtem Kaiser von Armenien entsprechen zu können. Aus dem Angebot Kaiser zu werden, wurde nichts, weil der französische König, der Zar von Russland und der Papst in Rom sich querstellten. Das Schloss wurde nicht fertiggestellt. Nach Nutzung als Lazarett, preußische Kadettenanstalt, Kaserne, Nationalpolitische Erziehungsanstalt sowie durch amerikanische, englische und belgische Truppen ist es heute ein hochrangiges Hotel.

Mit dem Schloss hat Bensberg eine Krone auf seinem Berg. Es strahlt weit ins Land und ist mit Köln nicht nur durch die gedachte Linie zum Dom verbunden, sondern auch durch ein Gemälde in der Alten Pinakothek in München [Jan Weenix (1642-1719): Jagdstillleben vor einer Landschaft mit Schloß Bensberg], bei dem in der Rheinebene erlegtes Wildbret ausliegt und am Horizont auf dem Berg das Schloss zu erkennen ist.

Zur Heimkehr haben wir Fahrmöglichkeiten in die Umgebung und nach Köln vom Busbahnhof und der dortigen U-Bahn-Station aus. Dorthin gelangen wir über die **Schloßstraße** – mit andauerndem Blick auf Köln. Von der **Schloßstraße** geht gegenüber der „Nikolausstraße" nach links gewohnheitswidrig die **Schloßstraße** zum

Geschäftszentrum hin ab. An der Metzgerei gehen wir rechts eine Gasse abwärts, stoßen auf die „Steinstraße" und gehen nach links zu den Haltestellen der Busse und der Linie 1 nach Köln.

Informationen zur Route:

Wanderkarte: Wanderkarte „Kölnpfad", der Kölner Rundweg, 1:25 000, J. P. Bachem Verlag und Steffi Machnik: Kölnpfad, Köln 2022 (Etappe 8)

 Wegzeichen für Kölnpfad

Streckenlänge: 18 km
Start: Thielenbruch, Hst. der KVB-Linien 3, 18
Ziel: Bensberg, Hst. von KVB-Linie 1 und der Busse 227, 400, 420, 421, 422, 454, 455, 457, SB40
Track: Tour #178903: Blick auf Köln vom Bergweg des Kölnpfads

Routenskizze

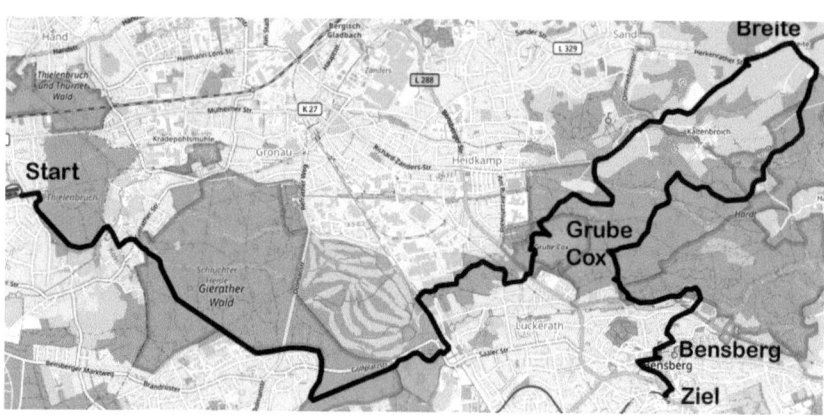

Interessante Infos unter:

Wikipedia: Kölnpfad, Bensberg, Schloss Bensberg, Johann Wilhelm (Pfalz), Bergisches Land, Thielenbruch (Ortsteil), Naturschutzgebiet Thielenbruch, Straßenbahn-Museum Thielenbruch, Bergisch Gladbach, Geschichte der Kölner Straßenbahn, Strunde, Gierather Mühle, Bensberger See, Bensberger Erzrevier, Bahnstrecke Köln-Mülheim–Lindlar, Naturschutzgebiet Grube Cox, Haus Lerbach, Rochuskapelle Sand, Kölner Bucht, Grube Blücher, Französischer Kirchhof, Kaiserlicher Kirchhof, Milchbornbach.

Wandern auf 2000 Jahre alter Höhenroute
Von Drabenderhöhe nach Overath

Starke Ausblicke bietet diese Wanderung am Rande der Mucher Hochfläche. Die Aussichten sind je nach Witterung, Sichtverhältnissen und Sonnenschein spektakulär. Kaum hat man das Siedlungsgebiet von Drabenderhöhe hinter sich, sieht man bei einem 270-Grad-Panoramablick: Westerwald, Siebengebirge, Wachtberg im Drachenfelser Ländchen jenseits des Rheins, am Horizont die Höhenzüge der Eifel und Dampfsäulen der Erdölchemie bei Wesseling. Wiesenland und Wald liegen direkt vor den Füßen der Wandernden.

Die Wanderroute liegt am Nordrand der Mucher Hochfläche – eine sanfthügelige Landschaft, zerschnitten durch Bachtäler, mit Südgefälle und großflächigem Wiesenland. Der wegen der Wahnbachtalsperre – Wasserversorger für Bonn – prominente Wahnbach entspringt bei Drabenderhöhe. Ebenso liegt das Quellgebiet des Loopebaches, der zur Agger hin fließt, bei unserem Startort und auch der Naafbach entspringt unweit unserer Wanderstrecke. Für alle drei Gewässer gilt: Wegen ihrer besonderen Flora und Fauna sind an diesen Bachläufen Naturschutzgebiete ausgewiesen. Am Nordrand der Mucher Hochfläche liegt eines der größten Waldgebiete des Bergischen Landes, Heck genannt. Das Waldgebiet trennte historisch die beiden Grafschaften Berg und Sayn. Der Wald ist durchzogen von Gräben und Wällen und wies einstmals zum Schutz der Grenzregion dichte Hecken auf. Diese Merkmale der Landwehr gaben dem Wald den Namen. Im Heckwald liegen im Abstand von zwei Kilometern die beiden Berge Großer Heck (383 m) und Kleiner Heck (344 m). Unsere Strecke verläuft genau am Südrand dieses Waldgebietes mit wiederholten Ausblicken über die Hochfläche.

Die Wanderstrecke läuft von Drabenderhöhe bis Marialind meist auf einer altbekannten Route. Sie wird als Brüderstraße bezeichnet oder auch als Kölner Elisabethpfad von Köln nach Marburg. Aktuell ist er auch ein Jakobspilgerweg und Teil des Kurkölner Weges. Die Brüderstraße ist ein alter Fernhandelsweg zwischen Köln und dem Gebiet um Siegen – seit dem Mittelalter urkundlich nachgewiesen, aber wahrscheinlich schon vor 2000 Jahren genutzt. In Drabenderhöhe kreuzt der alte Handelsweg einen anderen historischen Weg, der von Siegburg nach Dotrmund führte – die Zeithstraße.

Von der Haltestelle **Zeithstraße** in Drabenderhöhe gehen wir auf die Evangelische Kirche Drabenderhöhe zu. Der Kirchturm ist eine Landmarke. Er wurde im 12. oder 13. Jahrhundert im romanischen Stil erbaut. Ein im Jahre 1697 aufgesetzter barocker Helm macht den Kirchturm heute besonders markant. Im 16. Jahrhundert wurde die Kirche evangelisch. Das Langhaus ist offensichtlich jüngeren Datums. Es wurde in der Mitte des 19. Jahrhunderts im klassizistischen Stil neu errichtet.

Kurz vor der Kirche biegen von der **Zeithstraße** nach links in die **Alte Kölner Straße** ein. Von nun an läuft unsere Route eher flach und gegen Ende talwärts. Das uns leitende Wegzeichen ist bis Marialinden die Jakobsmuschel als Symbol des Jakobspilgerweges. Die Alte Kölner Landstraße führt durch eine Einfamilienhaussiedlung. Mögliche Fernblicke sind uns hier verbaut. Nach einem halben Kilometer treffen wir auf eine Straßengabelung. Wir nehmen den links abgehenden Teerweg. Alsbald laufen wir in offenem Land mit weiten Ausblicken nach Süden und Westen vor allem. Es wechseln nun Waldstrecken und

Wegabschnitte am Waldrand mit offenem Blick über Wiesen- und Ackerland. Vor der Siedlung „Heckhaus" werden wir am linken Wegrand auf eine „Schöne Aussicht" aufmerksam gemacht. Den Horizont bilden die Berge von Westerwald und Siebengebirge und heraus ragt ein Kegel, der bei Dunst die Anmutung eines erloschenen Vulkans hat. Die Erscheinung erinnert an den Vulkankegel des Vesuv, gar an den Teide (die höchste Erhebung auf Teneriffa) oder vielleicht auch an den Fudschijama (auf der japanischen Insel Honshu). Natürlich weiß man, die Kegelspitze, die aus der bergigen Umgebung und dem Dunst aufragt, ist keiner von diesen Vulkanen – vielmehr: Es ist der Ölberg.

Am Anfang der Siedlung „Heckhaus" lesen wir rechts an einem Wegabzweig einen Hinweis auf ein militärisches Sperrgebiet. Es geht hier zum Heckberg, auf dessen Gipfel ein Fernmeldeturm der Bundeswehr steht. Im Wegwinkel befindet sich ein Gedenkstein – durchaus mit der Symbolsprache einer „dunklen" Zeit. Abgebildet ist das Logo des Reichsarbeitsdienstes – ohne Hakenkreuz. Es wird hier der jungen Männer gedacht, die von 1932 bis 1935 im freiwilligen Arbeitsdienst die Großrodung Heckberg vollbrachten. Wir laufen durch die schmale Zwillingssiedlung Heckhaus, die ihren Namen vom 383 Meter hohen Berg gleichen Namens hat, der als höchster Berg des Heckwaldes an unserer Route auch die höchste Erhebung ist, an der wir auf ungefähr 350 Meter Meereshöhe vorbeilaufen.

Ungefähr 120 Meter nach dem Ortsendeschild von Heckhaus sehen wir rechts an einem Baum eine Wegweisung nach links. Wir verlassen den prominenten historischen Weg nach links und treten bald aus dem Waldgebiet ins offene Land. Wir laufen 800 Meter entlang des rechts befindlichen Waldrandes und haben nach links herrliche Ausblicke gen Süden. Auf halber Strecke biegen wir an einer Bank nach rechts. Wir nehmen Platz auf der Bank, machen vielleicht eine kurze Vesperpause und nutzen die Gelegenheit zu einem ausdauernden Ausblick auf den 30 Kilometer entfernten Ölberg, hin zum 15 Kilometer entfernten Funkturm bei Lohmar-Birk, zum 40 Kilometer entfernten Radom bei Wachtberg-Berkum und zu den in 30 km Entfernung aufsteigenden Dampfwolken der Kühltürme in den Raffinerieanlagen bei Wesseling. Und in ungefähr 70 Kilometer Entfernung sehen wir, wenn es sehr klar ist, die Hohe Acht und die Nürburg. Da muss man aber schon sehr genau schauen.

Von der Bank nehmen wir weiter den Weg nach rechts und stoßen nach 400 Metern wieder auf die Route, die wir verlassen hatten. Wir biegen in sie nach links ein. Nach wenigen Metern erreichen wir eine Wegbiegung, in der ein Weg nach rechts abgeht, den wir ignorieren, denn hier weist nach links in den Weg ein Werbeschild hin zum Gasthaus „Bergischer Hof" in Marialinden – unserem Zwischenziel. Zunächst laufen wir auf Federath zu. Nach Federath werden wir als Wanderer auf dem alten Handelsweg oder als Pilger auf dem Elisabethpfad stiefmütterlich behandelt. Es fehlt bis Landwehr ein Fußweg. Also müssen wir aufmerksam den Verkehr beachtend am linken Straßenrand gehen. Ab Landwehr geht es mit einem Fußweg besser und leicht aufwärts. Hinter dem in Landwehr befindlichen Gasthaus laufen wir weiter entlang der L 360 und erblicken die beiden markanten Kirchtürme von St. Mariä Heimsuchung in Marialinden. Eineinhalb Kilometer haben wir noch zu laufen bis zum Kirchplatz mit Bänken. Auf der Wegstrecke dorthin passieren wir den angezeigten Bergischen Hof. Und da können wir natürlich entscheiden, ob wir dort eine Einkehr machen oder unsere Rucksackverpflegung auf dem Kirchplatz verzehren.

Wir verlassen den Kirchplatz in Richtung der Wohnstelle „Höhe". Die Wanderwege 5 und 12 des Kölner Eifelvereins führen auf der Straße **Bernsauer Jagdweg** dort hin. Über die Teerstraße geht es abwärts. In „Höhe" biegen wir nach rechts in die Straße **Höhe** ein, laufen ungefähr 170 Meter und schwenken dann links in den abwärts führenden Waldweg. Nach Überquerung eines Baches führen die Wanderwege 5 und 12 nach rechts, wir aber gehen links ins Tal des Lombaches in Richtung Agger. Unser Weg läuft rechts des Baches hangparallel talwärts, macht eine Rechtskurve und geht auf die Autobahn A4 zu. Kurz vor der Autobahn wenden wir uns an der Kreuzung nach links und unterlaufen die Autobahn. Bis zur Aggerbrücke sind es jetzt ungefähr 130 Meter.

Wir nehmen nun den leichteren Weg nach Overath. Nach Überquerung des Flusses geht's nach links auf einem Wiesenweg am rechten Ufer des Flusses parallel zur Agger. Der Weg führt zur **Mucher Straße**. Am Treffpunkt mit der Straße wenden wir uns nach links und überqueren die Agger. Die **Mucher Straße** überquerend gelangen wir am linken Ufer der Agger zur **Alten Mucher Straße**, gehen links in sie hinein und dann zweimal rechts – zunächst in die Straße **An der Brücke** und dann in die Straße **Am Aggersteg**. Sie wird zu einem Pfad, der uns zum Steg über die Agger führt. Jenseits der Agger treffen wir auf die querlaufende **Dr.-Ringens-Straße**. Diese Straße nehmen wir nach links und sehen alsbald vor uns den Bahnhof Overath. Wir unterqueren die Bahntrasse und gehen zu den Bahnsteigen bzw. zum Bahnhofsvorplatz.

Informationen zur Route:

Wanderkarte: Wanderkarte Bergisches Land, Karte 4: Mitte, 1:25 000.
Streckenlänge: ca. 17 km
Start: Zeithstr., Wiehl–Drabenderhöhe, Hst. von Bus 319 von Bf Ründeroth aus oder 323 von Nümbrecht aus.
Ziel: Overath Bf, Hst. von RB25 und der Busse 310, 420, 425, 557, 558 und 575.
Track: Tour #178904: Wandern auf 2000 Jahre alter Höhenroute

Routenskizze

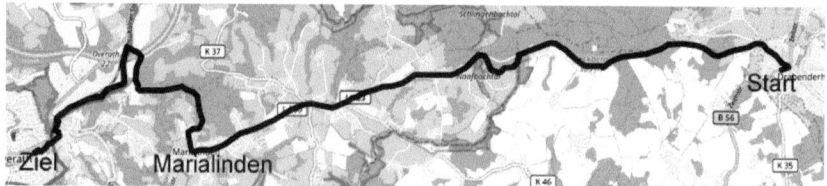

Interessante Infos unter:

Wikipedia: Drabenderhöhe, Heckberger Wald, Kleiner Heckberg, Heckberg, Federath (Overath), Reichsarbeitsdienst, Marialinden, Marialinder Riedelland.

Suchmaschine: Heck (Wald), Die Geschichte von Marialinden, mariä heimsuchung marialinden fritzen.

Ausblicke zur Eifel und nach Köln hin
Von Honrath nach Brück auf dem KEV-Wanderweg 5a

Erlebt werden bei dieser Wanderung freie Höhen und Fernsichten, Täler und längere Anstiege und schließlich ein sanfter Weg von Forsbach nach Köln-Brück durch den Königsforst. Die Route führt von Honrath nach Köln-Brück durch die alte Bergbaulandschaft um Bleifeld und Hoffnungsthal. Gewandert wird auf dem Wanderweg 5a des Kölner Eifelvereins. Diese Route wurde vor rund hundert Jahren angelegt. Ihre Wegezeichen werden auch heute noch ehrenamtlich im Rhythmus von drei Jahren erneuert oder nachgebessert. Wanderer gehen deshalb auf sicherem Pfad. Sie müssen nur die Zeichen beachten. Die erste Hälfte der Strecke bietet viel Auf und Ab, während die weiteren zehn Kilometer durch den Königsforst bequem – meist flach – zu gehen sind.

Start ist der Bahnhof Honrath, der an der Strecke von Köln nach Marienheide liegt. Hier fährt die RB25, mit der man in ca. 30 Minuten vom Kölner Hauptbahnhof den Startpunkt erreicht. Die offene Seite des Winkels für den KEV-Wanderweg 5a ist zum Beginn der Strecke unsere Richtungsorientierung.

Entgegen der Fahrtrichtung – aus Köln kommend – geht man zum beschrankten Bahnübergang, überquert diesen und biegt in die Straße **Jexmühle** nach links. Die Straße führt in eine Senke. Dort biegt der Weg links ab und unterquert nach kurzer Strecke die Eisenbahn. Hinter der Unterführung rechts ab überrascht das Geräusch eines kleinen Wasserfalls am Auslauf dreier Fischteiche. Hier steht oftmals der Graureiher und oft sind die Schreie von Habichtvögeln zu hören. Man überquert einen unbeschrankten Bahnübergang der 1910 eröffneten Bahnstrecke Köln – Overath.

Nach ca. 300 Metern geht es auf die rechte Seite eines kleinen Gewässers und mit durchschnittlich ca. 8 % Steigung bergan in Richtung Durbusch. Hier wird die L 84 erreicht, an der wir ungefähr 100 Meter über dem Niveau der Fischteiche sind. Auf der Landstraße geht es ein kurzes Stück nach links. Gegenüber der Straße **Auf dem Durlaß** nehmen wir einen scheinbaren Gartenweg rechts ab. Von hier aus hat man bei entsprechendem Wetter eine gute Sicht in die Kölner Bucht.

Am Wiesenrand entlang geht es in ein Waldstück, wo nach herbstlichem Laubfall der Weg auf kurzer Wegstrecke einige Aufmerksamkeit verlangt. Hält man sich konsequent an die Schneise, dann erreicht man einen Querweg, an dem rechts ein auffallend gelbes Haus steht. Hier wendet sich die Route nach links. Auf dem Weg weitergehend, sind bei entsprechender Wetterlage die beiden Braunkohlekraftwerke Neurath und Niederaußem in der Ferne zu sehen. Deren Bedeutung für die Stromerzeugung wird bald enden und damit auch ihre Wirkung als Landmarken.

Wir folgen aufmerksam dem Winkelzeichen. Bald geht es auf breiterem Weg talwärts – nicht dem steil nach links abwärts abzweigenden Pfad folgen. Großräumiger orientieren wir uns auf die Wohnstatt Lüderich hin. Bergan gehend, streifen wir diesen Flecken, an dessen Weg scharf rechts abzweigt. Auf der Höhe über Lüderich erlebt man – sich rückwärts wendend – wieder eine fantastische Aussicht auf die Kölner Bucht und in die Eifel. Sogar der höchste Berg der Eifel, die „Hohe Acht" (ca. 750 m), wird erkennbar. Um die Aussicht über die Höhen des Bergischen Landes und in die Kölner Bucht weiter zu genießen, orientiert man sich konsequent am Zeichen für den Wanderweg 5a. An einem Gartenbaubetrieb wird die Abbiegung links nach Bleifeld erreicht. Im Ort wandern wir auf den Straßen: **Breider Straße, Auf dem Steinacker, Zum Frühlingsschacht**. Wir finden Hinweise auf den Bergbau. Bei Bleifeld befand sich die größte Erzlagerstätte des Bensberger Erzreviers. Deren Abbau fand im Grubenfeld Lüderich statt.

Bevor es ins Tal des Rothenbachs hinab geht, machen wir eine Pause. Am Waldrand steht ein Schild, das uns über den geschenkten Nutzen des Waldes belehrt. Hier verlassen wir den Wanderweg 5a und laufen auf dem KEV-Wanderweg 2 hinab ins Bachtal. Auf dieser Wegstrecke streifen wir das industriegeschichtliche Denkmal des Förderturms von „Schacht Franziska". Im Tal laufen wir am Rothenbach auf dem **Rothenbacher Weg** und werden auf ihm mit unserem Wanderweg 5a wieder vereint. Alsbald zeigen große Villen und Villenparks an, dass in Hoffnungsthal manche Hoffnung nicht betrogen wurde. Der Erzbergbau und seine Nebenbetriebe haben lange Zeit floriert und gute Gewinne abgeworfen.

Am Treffpunkt mit der Hoffnungsthaler **Hauptstraße** wandern wir nach links und gehen von ihr rechts spitzwinkelig in die Straße **Am Hammer** ab. Die Straße durchquert ein ehemaliges Fabrikgelände, von dessen Fabrikgebäude nicht mehr als rote Ziegelbauten erkennbar sind. Hinter weißgestrichenen Fassaden arbeiten nun Werbeagenturen und Heildienstleister. Ein Portalkran über der Durchgangsstraße und eingemauerte Transmissionsscheiben zeigen zusammen mit dem Straßennamen die frühere Nutzung als Hammerwerk – „Hoffnungsthaler Hammer" – an.

Hier kann man sich entscheiden, die Wanderung zu beenden. Statt nach rechts abzubiegen nimmt man den Weg geradeaus weiter zum Bahnhof Hoffnungsthal. Dazu biegt man alsbald links in die **Rotdornallee** ein. Nach Querung der **Bahnhofstrasse** geht es geradeaus in der fortsetzenden Straße weiter bis zum Bahnhof.

Wer die Wanderung fortsetzt, läuft auf der Straße **Am Hammer** weiter bis zur weiterführenden **Gebrüder-Reusch-Straße**. Hier wenden wir uns links dem Sülzdeich zu und gehen auf dem Damm nach rechts. Auch nach dem Übergang in einen normalen Fußweg laufen wir bis zur **Bergischen Landstraße**, gehen nach links und queren dabei die Sülz. Von dieser Straße geht es bei der Straße **Schreibershove** nach links ab. Nach einer links- und einer Rechtskurve verlassen wir diese Straße, die nach rechts abwinkelt, nach links und gehen auf einem Waldweg, bis wir auf dem **Lehmbacher Weg** und die **Königsforster Straße** Forsbach durchwandern. An der Querung der **Bensberger Straße** können wir noch einmal einen Abbruch der Wanderung beschließen. Von der Hst. Halfenhof bietet der Bus 423 die Möglichkeit, den Bahnhof Rösrath zu erreichen oder die Hst. der KVB-Linie 1 in Bensberg.

Das Wanderwegzeichen führt uns den Königsforst. Ausdauernde Wanderer gehen durch die **Königsforster Straße** bis zur quer verlaufenden **Feldstraße**, in die der Weg nach links führt, bis auf der gegenüberliegenden Seite ein Weg in den Königsforst zu sehen ist. Dahin weist auch das Wanderwegzeichen am Ortsausgangsschild. Das große Waldgebiet, das jetzt durchwandert wird, war ursprünglich königlicher Bannwald. Dies hieß im Mittelalter, dass das Waldgebiet allein der Nutzung durch den Landesherrn vorbehalten war. Das galt besonders für die Jagd, konnte aber auf alles, was den Wald betraf, ausgedehnt sein. Heute wird darunter ein Schutzwald verstanden, in dem die Natur geschützt ist.

Im Königsfrost ist der Weg 5a deutlich markiert. Nach ungefähr einem Kilometer zeigt ein Stein, dass die Hst. Brück in 100 Minuten erreicht wird, wenn man rechts abbiegt. Nach ca. 660 m sehen wir rechts eine Bankgruppe – mit Gedenktafel für den ehemaligen Bahnhof Forsbach. Dann biegen wir nach links in die **Brück-Forsbacher-Straße** ein, die jedoch bis auf wenige Abschnitte kaum als Straße bezeichnet werden kann. Es handelt sich weitgehend um einen breiten Waldweg. An der Kreuzung der sogenannten Straße mit dem Rennweg steht die neue Kaisereiche, sie ersetzt die alte, nach dem Ersten Weltkrieg durch Beschuss französischer Besatzungstruppen zerstörte.

Von Forsbach bis Brück wandert man meist auf leicht abfallendem Weg bequem. Nach Überquerung von **Rather Weg / Lützerathstraße** und des Flehbaches begleitet bis kurz vor Brück ein Waldlehrpfad die Wanderroute. Am Ende dieses begleitenden Pfades führt ein Abstecher links zum Wildgehege. Unsere Route jedoch führt geradeaus weiter und trifft in Brück auf die Straße **Am Wildwechsel**. Nach rechts laufen wir bis zur **Olpener Straße**. Nach einem kurzen Linksschwenk weist das Zeichen rechts in die Straße **Brücker Heide**. Hier wird eine Siedlung durchquert, deren Ursprung in den 1920er-Jahren liegt. Nach einem Torbogen führt die Route auf der Straße **Am Klausenberg** nach links bis zum **Brücker Mauspfad**, wo rechts die Hst. Brück Mauspfad der KVB-Linie 1 zu sehen ist und die Wanderung nach ungefähr 22 km endet.

Informationen zur Route:

Wanderkarte: Wanderkarte Bergisches, Karte 5: Süden, Wanderkarte im Naturpark Bergisches Land 1:25.000
Streckenlänge: ca. 22 km
Start: Honrath Bf, Lohmar, Hst. von RB25 und der Busse 553, 558.
Ziel: Brück Mauspfad, Köln, Hst. von KVB-Linie 1 und Bus 154.
Track: Tour #178905: Ausblicke zur Eifel und nach Köln hin

 Wanderwegzeichen

Routenskizze

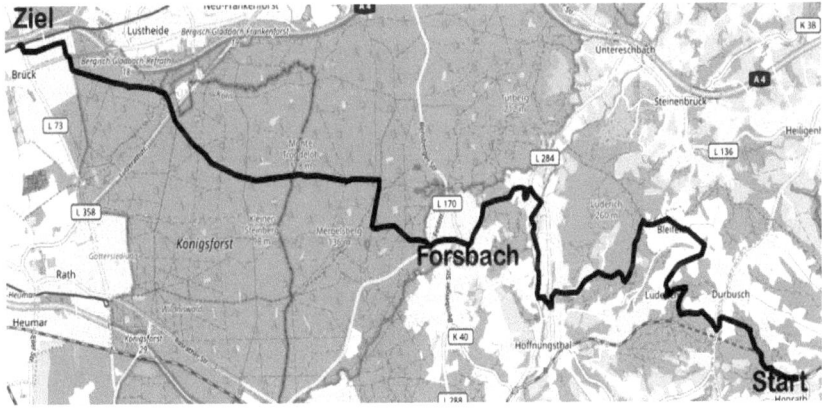

Interessante Infos unter:

Wikipedia: Honrath, Bahnstrecke Köln-Kalk – Overath, Durbusch, Lüderich (Rösrath), Bleifeld, Lüderich, Hoffnungsthal (Rösrath), Sülz (Fluss), Königsforst, Bahnhof Forsbach, Bahnstrecke Köln-Mülheim–Lindlar, Flehbach, Brück (Köln), Mauspfad

55

Dreimal Blick ins Weite
Von Birk bis Troisdorf

Diese Wanderung führt uns zu markanten Aussichten – zur **Pastor-Biesing-Straße** südlich des Sportplatzes in Lohmar-Birk. Von dort haben wir Ausblicke zum Siebengebirge, nach Bonn und in den Großraum Köln. Eine weitere Aussicht auf Köln und seine Umgebung bietet sich am Verbindungsweg zwischen dem Ortseingang von Albach und der „Ingerer Straße" in Lohmar-Inger. Noch einmal sehen wir einen Ausschnitt von Köln auf dem Wanderweg A3 in der Verlängerung der Straße „Am Bungartsberg", wo wir kurz vor der Bewaldung durch eine Schneise auf Köln blicken.

Vom Fliegenberg im Süden der Wahner Heide sind auf dem Vulkanhügel in Siegburg die Abtei Michaelsberg und Teile Bonns sowie der Eifel zu sehen. Vom Telegraphenberg schauen wir auf die Senke der Wahner Heide und darüber hinweg ins Bergische Land. Unsere Wanderstrecke ist leicht und weist nur eine kurze steilere Steigung auf, wenn es aus dem Tal der Agger hoch zur Binnendüne in der Wahner Heide geht. Dann geht ein Sandweg, jedoch recht allmählich, aufwärts zum Telegraphenberg.

Wir starten in Lohmar-Birk an der Bushaltestelle „Hochhausener Weg", zu der man am besten von Siegburg aus fährt. In der Umgebung der Haltestelle kann man auch sein Auto parken. Eine Anfahrt mit Pkw ist eher ungünstig: Vom Ziel der Wanderung, Bahnhof Troisdorf, aus dauert die Fahrt zum Parkplatz 40 bis 60 Minuten.

Von der Haltestelle aus gehen wir kurz leicht abwärts, biegen nach rechts in die **Zeithstraße** und gehen dann nach links in den geteerten Feldweg. Markant sreht vor uns der funktionslos gewordene Fernsehturm von Lohmar-Birk. Heute wird der Turm von Mobilfunkanbietern genutzt. Dem Verlauf des Weges folgend erreichen wir mit Blick auf den Sportplatz einen Querweg, den wir nach links gehend nehmen. Kurz hinter einer Pferdekoppel zweigt ein Teerweg spitzwinkelig rechts ab, führt in die Quellmulde des Auelsbachs und weiter hangaufwärts. Wir biegen nach links in die **Pastor-Biesing-Straße**. Von ihr aus geht unser aufmerksam suchender Blick in Richtung Süden aufs Siebengebirge hin, weit zu den Eifelhöhen – möglicherweise bis zum fernen Sendemast bei Stolberg-Donnerberg – und zu dem vor dem Vorgebirge liegenden Bonn. Nach Westen und Nordwesten schauend, scheinen Teile Kölns, dessen nördliches Umland und die Dampfwolken der Braunkohlekraftwerke auf. Weitergehend passieren wir den links liegenden Ingerhof, finden eine Bank, die wir zum Ausblick nutzen, und biegen dann links in Richtung Albach ab. Nach Überquerung der **Franzhäuschenstraße** gehen wir an der nächsten Abzweigung von der **Albacher Straße** nach rechts ab. Über die **Feldstraße** laufen wir Richtung Inger und können dabei wieder in Teilgebiete der Kölner Bucht blicken. Am **Farnweg** wenden wir uns nach links und dann nach rechts nördlich auf „Haus Freiheit" zu. Die Namensbezeichnung geht auf ein Rittergut zurück, das abgabenfrei war. Noch heute wird hier Landwirtschaft betrieben.

Wir wollen durch Algert nach Lohmar. Deshalb wandern am „Haus Freiheit" auf der **Ingerer Straße** nach links zum „Arma-Christi-Kreuz". Das Kreuz wurde um 1800 wohl als Stiftung der damaligen Besitzer von „Haus Freiheit" errichtet. Es zeigt die Leidenswerkzeuge Christi. Um es vor Verfall zu schützen, wurde es zeitweilig in der evangelischen Auferstehungskirche in Siegburg aufgestellt. Durch Initiative von

Birker Bürgern kam es wieder an die Wegecke, die wir, nach rechts zum Weg **Am Bungartsberg** gehend, passieren. Der genannte Weg führt uns zum Zusammentreffen mit der **Algerter Straße**. Dort zeigt uns ein Wegweiser den Weg in Richtung Lohmar. Auf dem folgenden Wegabschnitt gibt es kurz einen Ausblick auf die Landschaft der Kölner Bucht. Alsbald laufen wir in das Waldgebiet des Ingerbergs, dessen Höhenzug von Ost nach West abfallend verläuft und der durch die Täler des nördlichen Jabachs und des südlichen Auelsbachs eingerahmt ist.

An einer Weggabelung mit drei abgehenden Wegen, sowie Wegkreuz und Bildstock, verlassen wir den auf den Gipfel des Ingerbergs zulaufenden Wanderweg A3 und gehen links ins Tal. Das Schild Lohmar-Mitte weist uns die Richtung. Wir durchqueren eine Biotopfläche und erreichen den Teerweg **Buchbitze**. Diesen Weg laufen wir rechts an den Fischteichen und dem Auelsbach vorbei an den **Mühlenweg** zu, den wir nach links nehmen. Kurz vor der Straße **Am Bungert** – der Name weist auf früher existierende Obstbaumwiesen hin – biegen wir nach links durch eine kleine Gasse zur **Rathausstraße** ab. Diese gehen wir bis zur Hauptstraße, in die wir nach links einbiegen. Auf ihr kommen wir südlich gehend zu einer skurril anmutenden Schweineskulptur an der **Saugasse**. Durch diese Gasse wurden früher im Herbst die Schweine zur Mast in den Erbenwald getrieben, den 300 Besitzer und deren Erben in genossenschaftlicher Organisation zu nutzen berechtigt waren. Der Wald wurde 1968 durch Kauf Gemeindeeigentum und Bauland. Die Skulptur erinnert an die Tradition der Genossenschaft. Gegenüber erreichen wir auf der **Kirchstraße** und der folgenden **Brückenstraße** die Agger. Am jenseitigen Ufer geht es links am rechten Ufer dieses bergischen Flusses entlang auf dem Weg **Am alten Wasser** bis zum nach ungefähr 1200 Metern westlich abgehenden Weg in den Siefen „Goldenbach". Schon an der Brücke ist unsere Route mit dem Wegzeichen „Erlebnisweg Sieg" (weißes S auf rotem Grund) gekennzeichnet. Diesem Markierungszeichen folgen wir nun bis zum Wanderparkplatz „Wahner Heide" an der **Altenrather Straße** am Fliegenberg.

Am Abzweig zum Siefen Goldenbach steht ein Wegkreuz, das auf drei Lohmarer Bürger verweist, die 1945 an dieser Stelle zu Tode kamen. Eine Tafel erinnert: „Zum Gedenken an unsere Mitbürger Martin Eschbach aus Ellhausen, Ferdinand Prediger aus Lohmar, Jacob Raßmes aus Lohmar, welche am 24. Juli 1945 an dieser Stelle auf dem Weg zur Arbeit erschossen, erschlagen und beraubt worden sind." Die Mordtat wurde im Chaos nach dem verlorenen Krieg nie aufgeklärt.

Es geht kurz steiler aufwärts – auf 600 Metern Länge steigen wir 60 Meter höher – also 10 Prozent. Vorbei am Kronenweiher weist uns der Siegerlebnisweg die Richtung zur Binnendüne Fliegenberg. Wenn wir aus dem Wald heraustreten und an der Besenheide stehen, geht's nach rechts. Kurz nach diesem Schwenk sehen wir am Wegesrand zwischen der Besenheide eine Informationstafel „Naturschutzgebiet Wahner Heide". Zu dieser Tafel müssen wir unbedingt hin. Nicht, dass uns die Information viel Interessantes böte, wohl aber ist es der Ausblick aufs Siebengebirge und den Michaelsberg mit seiner ehemaligen Abtei in Siegburg, der die wenigen Schritte zur Infotafel herrlich belohnt. Über Bonn hinweg – erkennbar am Posttower – blicken wir in die Eifel. Wenig später erreichen wir nördlich gehend den Parkplatz „Wahner Heide".

Über die **Altenrather Straße** hinweg verlassen wir den dortigen Parkplatz in der nördlichen Ecke. Anschließend gehen wir an einer besonders munitionsbelasteten Zone am Moltkeberg vorbei. Indem wir auf dem Weg bleiben und den **Eisenweg** nehmen, sind wir jedoch nicht gefährdet. Wir folgen dem Weg, laufen eine kurze Strecke mit dem Widderzeichen und biegen dort links ab, wo wir durch ein Holzschild zum Telegraphenberg gewiesen werden. Das Wegzeichen, das uns dorthin begleitet ist der Salamander. Nach ungefähr 70 Metern nehmen wir einen unscheinbaren, nach rechts führenden Trampelpfad auf eine Informationstafel zu. Sie informiert über die hinter ihr aufgeschlossenen Bodenverhältnisse. Wir sehen Podsolboden, eine bleich-graue Bodenschicht, die aus quarzigen Sanden besteht und aus der Eisen- und Aluminiumverbindungen sowie die Humusbestandteile ausgewaschen und in die unter ihnen befindlichen Schichten abgesickert sind. Zurück auf unserem Weg laufen wir geradeaus zum 134 Meter hohen Telegraphenberg. Vor uns liegt nördlich eine weite Absenkung im Heideland. Dort landen und starten auf dem Flugplatz Köln/Bonn Passagier- und Frachtmaschinen. Über das mehr geahnte Gelände des Flugplatzes schauen wir weit ins Bergische Land. Im August und September schauen wir auf die lila blühende Pracht der Calluna vulgaris, allgemein Heidekraut oder Besenheide genannt. Auffällig war das Heidekraut schon, seitdem wir am Fliegenberg den Wald verlassen haben.

An der Infotafel über den optischen Telegraphen vorbei erreichen wir nach links gehend den Abzweig des Salamanderweges, gehen wieder links und folgen nun dem Widder. Der führt dann nach rechts in den **Eichelweg**. Am Parkplatz „Am Kohballig" geht es über den **Mauspfad** und im gegenüberliegenden Wald dann halblinks dem

A1 folgend immer nur noch talwärts. An einem starken Maschengitterzaun, mit Nato-Draht messerscharf gesichert, wandern wir eng entlang bis zur querenden **Kronenstraße**. Jenseits des Zauns befanden sich ehemals Dynamit-Nobel-Fabrikationsstätten. Bei unserer Wanderung wurde an der Umnutzung des Geländes gearbeitet. Es kann daher sein, dass von der ehemaligen Fabrikansiedlung nichts mehr zu erahnen ist. Wir halten uns gleichwohl an unseren talwärts gehenden Weg. An der **Kronenstraße** endete das rechts von uns gelegene gefahrenträchtige Betriebsgelände. In Gehrichtung geht's weiter über die **Heidestraße** – mit einigen gründerzeitlichen Dreifensterhäusern – zur **Kölner Straße**. In sie biegen wir nach rechts ein, um dann links abbiegend auf der **Emil-Müller-Straße** das Ziel, den S- und Busbahnhof in Troisdorf, zu erreichen.

Informationen zur Route:

Wanderkarte: NRW-Wanderkarte 03 Bergisch Gladbach Königsforst – Lindlar – Overath, 1:25 000.
Streckenlänge: ca. 17 km
Start: Hochhauser Weg, Siegburg, Hst. von Bus 511.
Ziel: Troisdorf Bf Hst. von RB 27, RE 8, RE 9, S 12, S 19 und der Busse 501, 503, 506, 507, 508 und 551.
Track: Tour #178906: Dreimal Blick ins Weite

Routenskizze

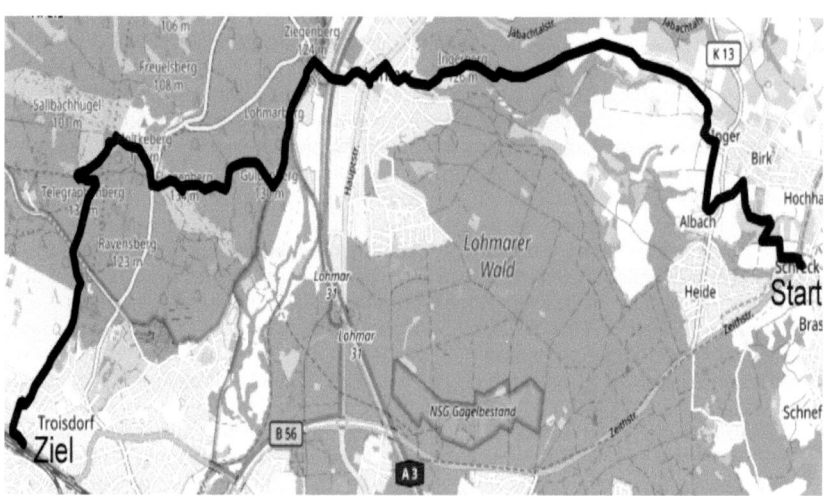

Interessante Infos unter:

Wikipedia: Birk (Lohmar), Siebengebirge, Wahner Heide, Kölner Bucht, Streuobstwiese (Bungert), Abtei St. Michael (Siegburg), Michaelsberg (Siegburg), Agger, Besenheide, Podsol, Kronenweiher, Dynamit Nobel AG.

KuLaDig: Telegrafenberg in der Wahner Heide

Naturtraum Sieglarer See
Von Siegburg bis Mondorf

Der Siegauenweg von Siegburg, vorbei am Sieglarer See und zur Siegmündung, weicht von Mehrheitsvorstellung über die Qualität von Wanderungen ab: Zunächst geht es eine längere Strecke über Asphalt. Erst dann kommt der Sieglarer See mit bei Nässe auch matschigen Wegen und, wenn man ihn siegnah südlich passiert, mit der Überquerung einer alten, womöglich gefluteten Verbindung zwischen See und Sieg. Am See sind wir meist in einer einsamen Umgebung mit romantischen Eindrücken. Weiter erwarten uns weite Aussichten und Blicke auf das Profil des Siebengebirges. Wir sehen renaturierte Landschaften, Agrarlandschaft, Industrielandschaft, Stadtlandschaft und nicht zuletzt die Eigentümlichkeiten einer Flusslandschaft und verspüren deren Anmutung. Die Route ist eben, eben, eben ... Ihr ist leicht zu folgen, weil der Fluss die Richtung weist. Mehrere Abschnitte gehen durch Auwald. Auffällig ist die Wucherpest des drüsigen oder indischen Springkrauts und – seltener – des japanischen Staudenknöterichs. Kurz vor Ende laufen wir im Auwald auf einem verwunschenen Lehmpfad.

Startpunkt ist der Bahnhof Siegburg – Ausgang an der Stadtbahnseite der Linie 66 nach Bonn. Parallel zu einer plätschernden Wasserkaskade geht es stufig leicht aufwärts. An der Sporthalle biegen wir nach links ab und am Ende der **Hochstraße** geht es über die Gleise der Stadtbahn. Direkt nach deren Überschreiten laufen wir rechts in den parallel zum Gleiskörper verlaufenden Weg. Wir treffen auf die **Bonner Straße** und gehen nach links und rechts über die Siegbrücke zum linken Ufer. Dort führt uns ein Rad-/Fußweg rechts hinab in die Siegaue. Der asphaltierte Weg wird uns bis zur Autobahnbrücke der A 59 begleiten. Meist werden wir durch das Siegradwegzeichen (weißes S auf orangefarbenem Grund) auf unserem Weg geleitet.

Herbst: Das Getreide war abgeerntet, Blätter schon zu Boden gefallen, Äcker gepflügt, Hagebutten leuchteten, Ebereschen und Weißdorn trugen ihre Früchte. Ein Traktor fuhr seine letzte Mahd – ein Ausdruck übrigens, der als Substantiv zu Mähen um 1300 entstanden sein soll. Die Natur ist grausam. Später an der Siegfähre wird das bestätigt. Die Sieg erzwingt fast jährlich und auch schon mal öfter durch Hochwasser – bis zu 2,80 Meter hoch im Restaurant – Renovierungen. Hier aber, am Anfang unserer Wanderung, kreisen Bussarde über dem mähenden Traktor und suchen das Gelände unter ihnen auf Kleintiere ab, die ihre Deckung verloren haben. Auch ein Milan zieht seine Runden und geduldig, fast erstarrt, manchmal jedoch vorwärts schreitend, warten Graureiher – Gruppe der Schreitvögel – auf Nahrung.

Wir haben längst die Brücke der Stadtbahn von Siegburg nach Bonn unterquert und richten, im Wissen um die Abtei Michaelsberg in Siegburg, unsere Blick hin und wieder rückwärtig nach Nord-Osten. Dort nehmen wir die hochliegende Abteikirche und die aufgegebenen Klostergebäude wahr. Die eindrückliche Lage auf dem Berg vulkanischen Ursprungs demonstriert heute noch den einstmaligen Machtwillen der Kölner Erzbischöfe.

Der Rad- und Fußweg wird belebter: Zuerst spurten Sportfahrer am Wanderer vorbei oder ihm entgegen. Einige, weniger auffällig bedresst, fahren wohl zur Arbeit. Auch Radwandergruppen rollen vorüber. Und Wanderer begegnen uns, meist in sehr kleinen Gruppen – auch nicht schlecht – von zwei oder vier Personen.

Nach dem Weg aus Siegburg raus an die Sieg und fast 3 km Wandern auf dem Asphaltweg fällt mir manches Gespräch in Wandergruppen ein, das sich gegen Asphaltwege wendet und mehr Natur verlangt. In der Siegaue wandern wir in einer Kulturlandschaft – wie meist in unseren Breiten. Kulturlandschaften sind vom Menschen gestaltet und was mancher für Natur hält, ist nur deshalb so, weil menschlicher Wille eine Landschaft im entsprechenden Zustand belassen hat oder die Zeit die menschlichen Eingriffe überwucherte. Mancher Auen-, aber auch Höhenweg, wäre nicht wanderbar, wenn Asphalt ein Ausschließungsgrund wäre. Allerdings: Nur Asphalt sollte es auch nicht sein.

Auf dem ersten Teil der Wanderung von Siegburg bis zur Autobahnbrücke, erleben wir eine Auenlandschaft, die markiert ist durch Strommasten – auf Betonsockeln zum Schutz gegen Hochwasser – und Leitungsstränge der Energieversorgung. Landschaftsharfen könnte man die Stromleitungen nennen. Bei diesem Wegabschnitt werden wir südlich unseres Weges von der A 560 und den Geräuschen des Fahrverkehrs begleitet und bei entsprechender Windrichtung hören wir nördlich Jets vom Flughafen Köln/Bonn mit starkem Schub steil aufsteigen. Das ist die Wirklichkeit der Gemengelage der Nutzung und des Landschaftsangebotes im stadtnahen Raum – viel Grün, aber auch technischer Lärm und in winterlicher Zeit vom Laub nicht versperrte weite Ausblicke.

Nach Unterquerung der Bundesstraße 56 laufen wir auf eine auffällige Bogenbrücke zu. Auf dieser 1929 erbauten Betonbogenbrücke wechseln wir das Siegufer. Dazu überqueren wir die Straße und laufen auf der flussabwärts liegenden Seite der Brücke etwaigen Radfahrern entgegen. Es gilt: Auf gemeinsamen Rad- und Fußwegen haben Radfahrer grundsätzlich eine erhöhte Sorgfaltspflicht. Am rechten Ufer geht es links und dann wieder links ans rechte Siegufer. Wir laufen in Richtung

Friedrich-Wilhelms-Hütte bzw. Bonn. Wir treffen auf eine Informationsstelle zur Friedrich-Wilhelms-Hütte, unterqueren die Eisenbahnstrecke Troisdorf – Königswinter und erreichen die Autobahnbrücke der A 59. Hier ist mit Asphalt bis hinter dem Sieglarer See Schluss.

Da wir nicht auf dem Siegdamm gegangen sind – Graswuchs auf der Deichkrone hinderte uns –, können wir den ersten nach links abbiegenden Pfad in Richtung Sieglarer See wählen. Geradeaus sollten wir gehen, wenn wir nördlich des Sees zur unteren Sieg gelangen wollen. Dieser Weg empfiehlt sich, wenn die Sieg Hochwasser führt oder kürzlich hoch gestanden hat. So romantisch der südliche Weg auch ist – nördlich ist es eigentlich nicht weniger idyllisch –, haben wir bei ihm eine Senke – ca. 2 Meter unter dem Geländeniveau –, die wir durchqueren müssen. Sie kann voll Wasser stehen oder sehr schlammig sein. Dann hilft nur der Rückweg – ein Vergnügen in der romantischen Landschaft durch den Auwald –, um den See nördlich zu passieren.

Der See bietet vielen Wasservögeln Heimat – besonders tun dies die Inseln. Auch wer schweigend den See erreicht, wird es kaum verhindern können, dass Graureiher sich ruhig und gelassen davonschwingen und hinter den Bäumen verschwinden. Wir genießen die Ruhe am See. Mindestens ist das der erste Eindruck. Neu sind – hin und wieder – Flugmotorengeräusche von Hubschraubern und Sportflugzeugen – vom Flugplatz Bonn/Hangelar.

Nach dem See führt unser Weg durch eine Landschaft mit nicht gekopften Weiden, Pferdekoppeln, Wiesen- und Ackerflächen. Wo im Kartenbild ein Sportplatz auf der Meindorfer Seite der Sieg eingetragen ist, geht rechts am Zaun entlang ein wenig belaufener Wirtschaftsweg in Richtung Norden zum Siegdeich. Bis zum Deich laufen wir ungefähr 500 Meter. Auf dem Deich sehen wir irgendwann die Berge des Siebengebirges – jedoch nur fünf an der Zahl – sowie dem Posttower und das Rathaus in Bonn. Vom Deich herab blicken wir eindrücklich in die Siegaue und ins weite Flachland im Winkel zwischen unterer Sieg und dem Rhein – mit zahlreichen Kirchturmspitzen. Auffallen könnte uns die Kirche St. Adelheid von Gottfried Böhm in Troisdorf-Müllekoven. Schon zuvor hat uns der weiß strahlende Turm der Kirche „St. Johannes vor der lateinischen Pforte" in Sieglar deutlich angesprochen.

Die Kläranlage bei Müllekoven bleibt uns wegen belaubter Hölzer weitgehend verborgen, zumal unser Blick wohl eher nach Süden gerichtet ist. Am Kirvelberg treffen wir auf den Mühlengraben und biegen kurz nach dessen Wehr links ab. Den Bildstock lassen wir in unserem Rücken. Auf einem Deich laufen wir in Richtung Sieg und haben dann die Wahl, kurz zur Fähre zu gehen oder direkt hinter der Unterführung unter der L 269 hindurch in Richtung Mondorf zu wandern. Vorwiegend gehen wir bald auf lehmigem Pfad. Kurz vor Mondorf treffen wir auf einen Querweg, an der linken Seite steht die schlanke Säule einer Grundwassermessstelle.

Links abbiegend treffen wir auf einen Findling, in den „Mondorf" eingemeißelt ist. Den am Grillpilz abgehenden Weg nehmen wir zum Jachthafen von Mondorf. Neben Sportbooten liegen dort auch Schiffe der Schifffahrtsämter. Um den Hafen geht unser Weg ufernah, bis wir zur **Provinzialstraße** gelangen. In der **Provinzialstraße** nach rechts gehend, finden wir die Bushaltestellen „Ahrstraße" – mit Buslinien zu den Bahnhöfen Bonn, Siegburg und Wahn. Eine eindrucksvolle Fahrt durch die Orte der Sieg- und Rheinniederung erwartet uns.

Informationen zur Route:

Wanderkarte: Naturregion Sieg – Wanderkarte 1:25.000
Streckenlänge: ca. 17 km
Start: Siegburg Bf Hst. von RE9, S12, S19, Stadtbahn 66, 67 und der Busse 501.
502, 503, 509, 511, 512, 513, 527, 555, 556, 557, 577, 640, SB56.
Ziel: Ahrstr., Niederkassel-Mondorf Hst. der Busse 501, 550, 552.
Track: Tour #178907: Naturtraum Sieglarer See

Routenskizze

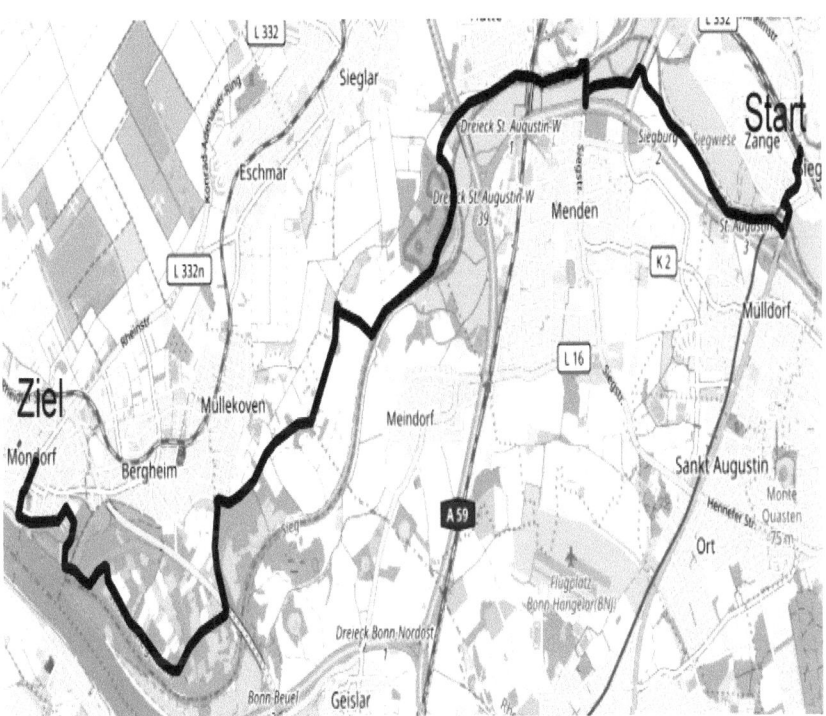

Interessante Infos unter:

Wikipedia: Siegburg, Sieg, Siegaue und Siegmündung, Siegfähre, Auwald,
Drüsiges Springkraut, Japanischer Staudenknöterich, Siebengebirge, Graureiher,
Bussarde, Milane, Friedrich-Wilhelms-Hütte (Troisdorf), Flugplatz Bonn/Hangelar,
Weiden (Gattung), Kopfweide, Weide (Tierhaltung), Mondorf.

KuLaDig: Sieglarer See

Suchmaschine: Menden Siegbrücke, Hafen Mondorf.

Abwärts von lichten Bergen
Von Lichtenberg nach St. Augustin

Die Bezeichnung der Wanderung spielt darauf an, dass wir auf Höhen mit weiter Sicht wandern, dass wir unterwegs viel Sonne genießen können und dass wir zwar bergab und –auf gehen, die Tendenz der Strecke aber fallend ist. Wenige Meter nach dem Start befinden wir uns ca. 210 Meter über NN und am Ziel sind es nur noch 72 Meter.

Die Idee zu dieser Wanderung kam irgendwann, als eine Wanderung in Uckerath begann und der Bus dorthin durch Lichtenberg fuhr. Ein kurzer Blick zum rechten Fenster hinaus genügte. Die Fahrt auf der B 8 von Hennef hierhin hoch hatte schon für diesen Einfall bereit gemacht. Lichtenberg liegt auf einem Bergrücken. Das ermöglicht weite Sichten. Damit ist der Namensanteil Berg erklärt. „Licht" muss man erlebt haben, wenn am späteren Frühmorgen eine strahlende Sonne am blauen Himmel steht und Lichtenberg und das Umland in hellen Glanz taucht. Das ist ein Licht, das Offenbarungen auslöst. Aber auch bei Dunst und matt scheinender Sonne lohnt diese Wanderung und auch bei Regenschauern und klarer Sicht in Regenpausen.

Wir starten an der Bushaltestelle „Lichtenberg, Ort". Dorthin bringt uns der Bus 522 von Hennef aus. Wir wenden uns gegen die Fahrtrichtung und bewegen uns in der **Uckerather Straße** vom Ortsmittelpunkt weg auf Künzenhohn zu. Nach 120 Metern biegen wir rechts ab in den **Schächerweg**, der zum kleinen Weiler Schächer bergab führt. An der Wegbiegung in Lichtenberg, an der sich der Straßenname ändert, sehen wir in der Ferne die „Abtei Michaelsberg" in Siegburg und bei guter Sicht die Dampffahnen der Kühltürme der Braunkohlekraftwerke in 60 km Entfernung. Vor uns erkennen wir Hennef und den herausragenden Turm der Kirche Sankt Simon und Judas. Auch der Fernsehturm bei Lohmar-Birk ist sichtbar. Kenner wissen, dass von Birk aus ein fantastischer Ausblick möglich ist.

Im Straßenknick mit Namensänderung des Straßenzuges biegen wir nach rechts ab. Zum Weiler Schächer, einem kleinen, idyllischen Fachwerkensemble, gehen wir auf einer Teerstraße und verlieren dabei fast 50 Mater Höhe. Danach laufen wir über Schotter-, Wiesen- und Waldweg nach „Kuchenbach" am „Langemichsbach". Dazu nutzen wir Abschnitte des Sieghöhenwegs des Westerwaldvereins auf der linken Siegseite. In Schächer erkennen wir noch das Wegzeichen „S" an einem Masten und wir wissen: Hier geht's nach links. Danach wird es etwas schwierig, dem Zeichen zu folgen, weil Markierungsmöglichkeiten auf dem freien Feld gering sind. Nach Schächer erreichen wir einen quer zu unserem Weg verlaufenden Wirtschaftsweg.

Hier gehen wir rechts. Blicken wir nach links, dann erkennen wir an einem Betonmasten für eine Überlandleitung eine Markierung, die unsere Entscheidung bestätigt. Wir haben auf dieser Strecke tolle Sichten – einprägsam das Siebengebirge.

Bergab kommen wir zu einem links abzweigenden Wirtschaftsweg, von dem man auf Sicht annehmen könnte: Der läuft ins Leere bzw. auf einen Misthaufen zu. Nur Mut! Und drauf los. Rechts des Weges beim Misthaufen steht ein kurzer, grüner stählerner Stab mit Wegzeichen. Beim folgenden Weg freuen wir uns, dass wir unsere Wanderschuhe gut gepflegt haben. Das hohe, morgens in der Regel feuchte Gras kann uns doch nasse Füße bescheren. Der Weg geht links in den Wald und dann rechts, entlang des Langemichsbach nach Kuchenbach. Hier überraschen uns die Präsentationen der Steinbildhauerei – unter anderem ein alter Küchenherd mit aufliegendem marmornen Grabrahmen, gefüllt mit Erde und aufgestellter Grabtafel für „Hugo Goethe". Das Ensemble ist eine Anspielung auf Feuerbestattung, genauso wie ein Bett in der Freiluftpräsentation an Gräber als Ruhestätten erinnert.

In Kuchenbach geht es kurz nach der Steinbildhauerei links über den Hanfbach. Nach der Überquerung befindet sich links eine deutlich erkennbare Feuchtwiese. Ihre Quellschüttung ist nach einer Regenperiode so stark, dass die Straße überspült wird.

Es geht dann rechts durch die **Talstraße** auf den Mittelpunkt von Lanzenbach zu. An der Abbiegung der **Talstraße** nach rechts führt unser Weg geradeaus in den **Mauspfad** hinein. Ein Verbotsschild sperrt diesen Weg für Reiter. Wir aber sind hier richtig, überqueren den Rosentaler Bach, gehen an einem Spielplatz vorbei und dann links auf der Straße **Im Rosental** allmählich aufwärts nach Söven. Dabei wechselt der Charakter des Wegs. Er geht von einem Teerweg in einen Wiesenweg über. In Söven geht es über die **Oberpleiser Straße** in die **Zinnestraße** hinein. Wo **Zinnestraße**, **Kapellenweg** und **Am Frohnhof** aufeinander treffen, steht die Kapelle „Zur schmerzhaften Mutter". In Eigenleistung erbauten die 90 Prozent Katholiken im Ort 1780 diese Kapelle. Sie diente der Ortsfrömmigkeit – besonders der Totenwache vor der Beerdigung Verstorbener. 1895 brannte der erste Bau ab, wurde bald darauf neu errichtet und danach mehrfach renoviert.

Um zum Wahrzeichen Sövens, dem Gebäude des preußischen optischen Telegraphen zu gelangen, folgt man der **Zinnestraße** in Richtung Norden, quert die **Oberpleiser Straße** und läuft auf der Straße **Steinenkreuz** bis zur Straße **Am**

Telegraph. Ungefähr 100 Meter von der Straße **Steinenkreuz** steht das restaurierte Gebäude des ehemaligen optischen Telegraphen, ohne die Zeigerarme, die sich früher auf dem Gebäude befanden. Es war der 54. Telegraph der preußischen optischen Telegraphenlinie von Koblenz (Festung Ehrenbreitstein) nach Berlin. Nördlich von Söven stand der Telegraph ca. 14 km entfernt bei Spich und südlich in 11 km Entfernung bei Buchholz. Die Stationen waren mit preußischen Soldaten besetzt, die die Signalübertragung beobachteten und betrieben. Beliebt waren die Preußen auch hier nicht.

Wir laufen vom Telegraphenbau zurück, biegen in die **Oberpleiser Straße** nach rechts ein. Der Straßenzug wechselt seinen Namen und heißt dann **Rotter Straße**. An der Feuerwache gehen wir von dieser Straße nach rechts ab, passieren den Golfplatz vom Club Rhein-Sieg. Unterwegs sehen wir linker Hand den markanten Kirchturm von St. Maria Heimsuchung in Rott. An der Querstraße **Zur Geistinger Mark** biegen wir nach rechts ab und befinden uns nun für eine kurze Stecke auch auf dem 52 km langen Wanderweg 1 des Kölner Eifelvereins von Rösrath nach Königswinter. Nach 400 Metern führt ein Verbindungsweg zwischen den beiden Teilen des Golfplatzes über unseren Weg. Wir gehen hier weiter geradeaus und haben nun den Golfplatz auf unserer linken Seite. 250 Meter hinter der Querung der Golfplatzverbindung biegen wir links ab, verlassen den Wanderweg 1 des KEV und laufen auf Haus Ölgarten zu.

Bei Haus Ölgarten gehen wir geradeaus am Wanderparkplatz vorbei. Im Geistinger Wald erreichen wir nach kurzer Strecke nach Überquerung eines Reitweges eine Wegspinne. Hier gehen wir nicht geradeaus, sondern halblinks in einen leicht abfallenden Weg – ein echter Waldweg, der uns zu zwei kleinen Teichen kurz vor der Unterquerung unter die A 3 und die DB-Schnellfahrstrecke Köln-Frankfurt führt. Vorher sehen wir bei entsprechendem Sonnenwinkel in verwunschener Lage einen kleinen Waldteich linker Hand. Vor der Autobahn gibt es einen Weiher, den man als idyllisch bezeichnen könnte, wenn denn der Dauerlärm der Autobahn nicht wäre.

Hinter der Unterführung liegt der Pleistalhof. An den Pferdekoppeln vorbei überqueren wir den fleißig fließenden Pleisbach und biegen dann nach rechts in den „**Dambroicher Weg**". Bei der Firma „Hennecke" nutzen wir den Parkplatz als Abkürzung und in die **Karl-Hennecke-Straße** hinein. Von ihr geht's dann nach links und weiter parallel zum idyllischen Lauterbach bis zum Kinderspielplatz. Von dort sehen wir links zwischen einem historischen Ensemble von Fachwerkhäusern die gedrungene Kirche St. Mariä Himmelfahrt. An der folgenden **Pleistalstraße** liegt uns gegenüber eine barocke Schlossanlage, genannt „Wasserschlösschen Birlinghoven". Wir wissen aber, dass es nur den Anschein des Barocks erweckt. Errichtet wurde es zwischen 1903 und 1905 an der Stelle der früheren Burg Birlinghoven. Das Gebäude gehört zur Kategorie der Kavaliershäuser. Diese dienten gehobenen Angestellten, Beamten sowie Gästen als Wohnstätte. Mit dem Schloss waren sie in der Regel durch eine Allee verbunden.

Wir gehen die **Pleistalstraße** in Richtung Norden und biegen dann links nach Westen in den Birlinghovener Wald –nach Regeln der Nachhaltigkeit bewirtschaftet – ab. Wir gehen bis zu einem breiten Querweg, in den wir nach rechts abbiegen und ein Waldgebiet mit mehreren Golfplätzen durchlaufen. Wir orientieren uns auf den Schleuterbach und evtl. auf den Aussichtspunkt Köhlerwiese hin. Nachdem wir nahe am Aussichtspunkt vorbeigegangen sind und den Schleuterbach gequert haben, wandern wir nordwärts und vorbei an einer Siedlung um den Punkt „Neuer Niederberg". Die Route führt am Ostrand der Siedlung vorbei. Rechts fließt der Schleuterbach. Wir laufen in die Straße **Tannenweg** hinein und biegen von dort aus in die **Waldstraße** ab. Diese Straße führt uns zur Bushaltestelle Waldstraße an dem Verkehrsweg **Alte Heerstraße**.

Informationen zur Route:

Wanderkarte: Sieghöhenwege, Wanderkarte NRW 29 1:25 000, alternativ
Wanderkarte: Naturregion Sieg - Wanderkarte 1:25.000, Rhein-Sieg-Kreis - mr-kartographie - grünes herz, EAN / ISBN: 9783866369115.
Streckenlänge: ca. 19 km
Start: Lichtenberg Ort, Hst. der Busse 522, 592.
Ziel: Sankt Augustin, Waldstraße, Hst. der Busse 517, 518.
Track: Tour #178942: Abwärts von lichten Bergen

Routenskizze

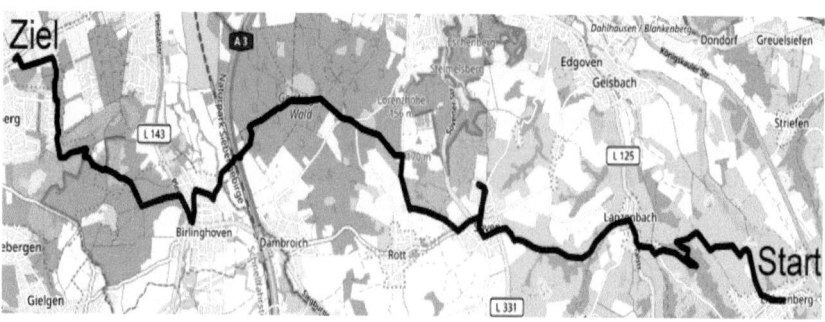

Interessante Infos unter:

Wikipedia: Lichtenberg (Hennef), Abtei St. Michael (Siegburg), Siebengebirge, Kuchenbach, Hanfbach, Lanzenbach, Söven, Preußischer optischer Telegraf, Rott (Hennef), Pleistal, Schloss Birlinghoven.

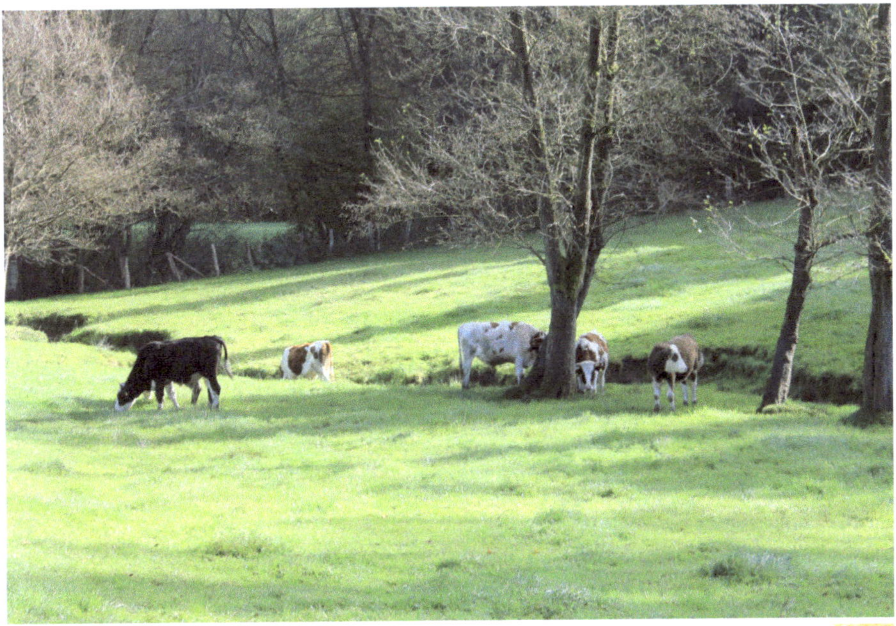

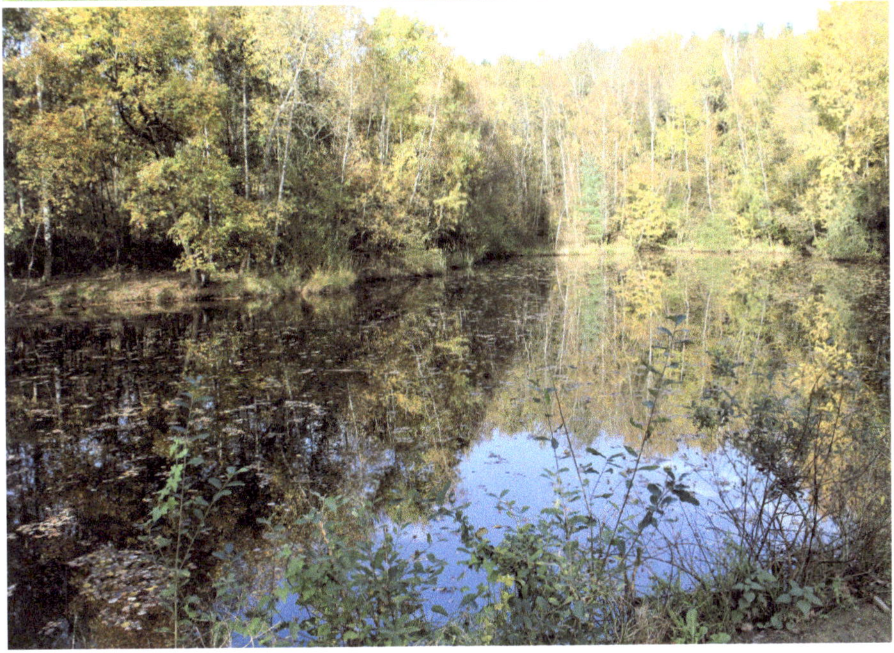

Zur bunten Stadt am Rhein

Von Kalenborn über Linz und Erpel nach Unkel

Attraktionen dieser Wanderung sind die Steilstreckenfahrt mit der Kasbachtalbahn von Linz nach Kalenborn, die Aussichten von den Rheinuferhöhen auf den Routenabschnitten Linz - Ockenfels und Ockenfels - Kasbach sowie das Rheintal zwischen Erpel und Unkel. Sehenswert wegen ihrer mittelalterlichen-frühneuzeitlichen architektonischen Ausprägung sind die historischen Mittelpunkte von Linz, Erpel und Unkel. Die Hälfte der Route geht durch vorwiegend mit Buchen und Eichen besetzten Laubwald – mit schimpfenden Eichelhähern, krächzenden Rabenvögeln und schreienden Bussarden – die andere Hälfte bietet romantische Ausblicke. Zwar ist die ganze Wanderstrecke ca. 21 km lang, aber sie lässt sich sowohl in Linz am Bahnhof wie auch am Bahnhof in Erpel bequem beenden. Allerdings verpasst man dann einige Ausblicke ins Rheintal und auch eine längere Passage am Rheinufer zwischen Erpel und Unkel.

Wir fahren zunächst 20 Minuten die Steilstrecke (5,7 %) von Linz nach Kalenborn. Nach ersten Vorschlägen 1876 zum Eisenerztransport vom hohen Westerwald zu den Eisenhütten in Neuwied und Sayn und Vorstellungen der Linzer Basalt AG von 1902, auf dieser Strecke ca. 150.000 t Basalt aus ihren Steinbrüchen an den Rhein befördern zu wollen, begann 1909 der Bau der Bahnstrecke. Sie wurde 1912 eröffnet. Bis 1931 fuhr sie mit Zahnraddampflokomitiven. Heute verkehren hier touristisch Schienenbusse. Alternativ kommt man auch mit Bus 135 auf die Höhen oberhalb von Linz.

Vom Bahnhof in Kalenborn starten wir auf der parallel verlaufenden **Bahnhofstraße** in südliche Richtung und biegen am Treffpunkt mit der **Kalenborner Straße** nach rechts ab. Wer mit dem Bus 135 kommend an der Haltestelle Kalenborn Kirche ausgestiegen ist, geht gegen die Fahrtrichtung und überquert die Waldstraße. Beide Zugänge treffen auf die Reste eines Schienenstrangs. Auf dem ehemaligen Gleiskörper der Kasbachtalbahn laufen wir in südöstliche Richtung zur quer verlaufenden **Rheinstraße**. In sie biegen wir nach rechts ein und gehen dann links parallel zur **Notscheider Straße** weiter. An der **Michaelisstraße** wird nach rechts die **Notscheide Straße** gequert und die Wanderung in die anfänglich geteerte Strecke **Am Rennenbergweg** hinein fortgesetzt. Die Route führt am links liegenden Gewerbegebiet vorbei auf den Wanderweg II zu, der uns bis Linz begleitet.

Bis zur „Bunten Stadt am Rhein" kann eigentlich nichts mehr schiefgehen. Beim Abstieg vom Rheinwesterwalder Vulkanrücken (südliche Fortsetzung des Siebengebirges) geht es bis Linz ständig talwärts mit mehreren Ausblicken – z. B. auf die Ahrberge. Obwohl der Weg praktisch keine Steigungen bietet, ist er bei starker Nässe schwierig, weil abschnittsweise tiefgründig-matschig.

Unser Weg führt vorbei an einer künstlichen Bachlandschaft mit anschließendem Teich. Dort kann der Niederschlag des Gewerbegebietes versickern. Ungefähr 3 km entfernt vom Gewerbegelände erblicken wir im Wald die Ruine von Burg Rennenberg. Sollte das wegen dichter Belaubung nicht der Fall sein, werden wir durch ein Verbotsschild auf das Burgterrain aufmerksam gemacht.

Burg Rennenberg – nicht zu verwechseln mit der Rennenburg bei Winterscheid im Rhein-Sieg-Kreis – wurde in der ersten Hälfte des 13. Jahrhunderts gebaut. Schon nach 250 Jahren gilt sie als verfallen. Das auf der Burg ansässige Adelsgeschlecht hatte großen Einfluss im Kurfürstentum Köln: Es stellte Äbtissinnen, Domdechanten, Domherren und einen Chorbischof – vergleichbar einem heutigen Weihbischof.

Unser Weg zu Tal ermöglicht kurz die Aussicht auf das Ahrgebirge. Weiter bergab erreichen wir einen Querweg, in den wir spitzwinkelig nach links einbiegen. Im Siefen rechts rauscht und plätschert der Losbach. Wo dieser sich mit dem Rennenberger Bach vereinigt, sehen wir eine steil aufgerichtete schiefrige, glatte und glänzende Felswand – aus einstmals flach liegenden Meeresablagerungen. Vorbei am Forsthof „Peterhof" überqueren wir den Bach, sehen rechts einen lichten Landschaftspark und in ihm das Schloss Rennenberg. 1846 wurde es im klassizistischen Stil – angelehnt an Formen griechischer Tempel – als Sommersitz der Fürsten zu Salm-Kyrburg errichtet. Diese Linie starb 1905 aus. Das Schloss blieb von Nachfahren bewohnt. Es wurde im August 1940 von einer Brandbombe getroffen. Ohne großen Schaden konnte der Brand gelöscht werden. 1992 verkaufte es die Familie Rennenberg. Das inzwischen restaurierte Schloss ist heute Denkmal.

Kurz vor den ersten Wohnhäusern von Linz liegt die ehemalige Steinbreche der Linzer Basalt AG am Standort der früheren Sterner Hütte (Kupfergewinnung und Vitriolherstellung). Der Fabrikbau von Anfang der 1920er-Jahre orientiert sich an der Industriearchitektur von Peter Behrens. Der Basalt aus der Umgebung von Linz war während der Rheinregulierung im 19. Jahrhundert und bei den niederländischen Landgewinnung und Sturmflutsicherung gefragt. Heute ist der Linzer Basaltabbau erschöpft. Zudem: Der Bedarf war mit der Zunahme geteerter Straßen und dem Abschluss der Maßnahmen zur Sturmflutsicherung rückläufig

Bis zum Neuen Tor der Linzer Stadtmauer folgen wir talwärts dem bekannten Wegzeichen. Wir gehen auf das Neue Tor zu, lesen das kleine Infoschild und die Inschrift zur Plastik „Klapperjunge". Von hier nutzen wir die **Neustraße** zum **Buttermarkt** und gehen von dort über die **Mittelstraße** zum **Markt** und weiter über die **Rheinstraße** zum **Burgplatz** in Rheinnähe. Farbige Gebäude und viele Fachwerkhäuser mit bemalten Balken verdeutlichen den Linzer Slogan „Bunte Stadt am Rhein".

An der Mittelstraße und am Markt stehen Gebäude aus dem 17. und 18. Jahrhunderr. Unser Weg führt gemächlich durch die **Rheinstraße** zum **Burgplatz** – leicht erkenntlich durch das Burgtor und die rechts liegende Burg Linz. Siedlungsspuren in Linz gibt es seit dem 4./5. Jahrhundert. Die erste urkundliche Erwähnung stammt aus dem Jahre 874. Irgendwann in den ersten drei Jahrzehnten des 14. Jahrhunderts wurde Linz zur Stadt erhoben. Mitte desselben Jahrhunderts entstand die Burg und um das Reformationsjahr 1517 errichtete man das Rathaus.

Am Burgplatz kann man die Wanderung beenden und begibt sich zum Bahnhof. Da hat man dann eine Wanderstrecke von ca. 12 km zurückgelegt. Beliebt ist bei Wanderern für die Schlusseinkehr die Lokalität „Wein im Hof". Vom Burgplatz aus sind es dahin wenige Schritte in die **Mühlengasse**.

Weiter geht die Wanderung durch den Torbogen rechts der Linzer Burg in die Straße **Am Sändchen**. Hinter der Kurve biegt unscheinbar nach links der Wanderweg nach Ockenfels ab. Es geht mit 15prozentiger Steigung 300 Meter lang bergauf. Auf nachfolgend ebenem Weg erhalten wir den Lohn unserer Mühen: Herrliche Ausblicke auf das Rheintal, in das Mündungsgebiet der Ahr und nach Sinzig und Remagen. Alles einfach eindrucksvoll – besonders wenn das Band des Rheinstroms im Sonnenglanz glitzert. Der Weg führt rechts bergan zu einem Bildstock, vor dem wir in die Straße **In der Mark** abbiegen. Die Straße geht ins Zentrum der Ortschaft Ockenfels. Dort fällt uns die der hl. Dreifaltigkeit und dem hl. Donatus geweihte Kirche auf – errichtet in den Jahren 1700 bis 1702.

Über die **Burgstraße** abwärts gelangen wir vor die Burg Ockenfels. Erstmalig wurde hier in der ersten Hälfte des 13. Jahrhunderts eine Burg errichtet. Auf Ruinen an dieser Stelle entstand 1927 das jetzige Burghaus. Vor dem Tor biegen wir nach rechts ab. Über die folgende Streuobstwiese führt ein schwach sichtbarer Pfad in ein bewaldetes Gebiet. Wir laufen auf die Straße **Auf dem Eschert** zu, nehmen sie und gelangen wieder in bewaldetes Terrain. Der Waldweg führt uns auf den Viadukt der Kasbachtalbahn zu. Wir unterqueren ihn und stoßen geradeaus auf die **Kasbachtalstraße**.

Wir sind in der Ortschaft Kasbach. An der **Kasbachtalstraße** gehen wir nach links bis zur 1905 errichteten Kirche St. Maria Magdalena. Zu unserem Ziel nehmen wir rechts die wenig befahrene Straße **In der Stehle**. Sie geht in einen Fußweg über, der uns zur Erpeler Ley, dem Tunneleingang an der Brücke von Remagen und deren Portaltürmen führt. Alsbald wächst rechts der Felsen empor und links begleitet uns die Eisenbahn – hin und wieder mit verblüffend langen, ratternden Güterzügen – und die zwischen Rhein und Bahn liegende viel befahrene B 42.

Kurz nach der Brücke von Remagen unterqueren wir links die Bahn und laufen auf der **Bahnhofstraße** zum **Marktplatz** mit Brunnenpfeiler aus dem Jahr 1753 und weiter am barocken Rathaus und der Kirche St. Severinus vorbei. Über die Frongasse und das Frontor verlassen wir Erpel. Wenn wir von der Rheinseite aus das Tor betrachten, sehen wir über ihm ein Wappen und die Schrift „Herrlichkeit Erpel, Fronhof, 1388". Erpel unterstand damals dem Kölner Domkapitel. Herrlichkeit bezeichnet ein Herrschaftsgebiet mit landesherrlichem Recht, ohne dass der Inhaber des Territoriums einen fürstlichen Namen trug. Teils waren die landesherrlichen Rechte eingeschränkt – etwa fehlte die Gerichtsbarkeit über Leib und Leben. Zumeist allerdings waren diese Herrschaften Mitglieder der Fürstenkammer – einem ständischen Beratungs- und ggf. Entscheidungsgremium.

Wer bis Erpel gewandert ist, hatte einen genauen Blick auf die Steilwand der Erpeler Ley. Zur Beendigung der Wanderung nach 16 km ist der Weg zum Bahnhof in Erpel leicht. Die Wanderroute führt nah an Bahnhof vorbei. Zu einem genussvollen Abschluss bietet sich Gastronomie am Markt in Erpel an. Das verlängert die Streck um ca. 600 Meter – ins Zentrum von Erpel und von dort zurück zum Bahnhof.

Nach Unkel geht es am Rheinufer entlang – mit Blick wir auf Remagen, den Kirchen St. Peter und Paul sowie Appolinaris, das Schloss Marienfels und hoch oben das neubarocke Haus Ernich. Bei Unkel passieren wir den Gefängnisturm, verlassen das Rheinufer an der **Pützgasse**, gehen von ihr links ab durch die **Frankfurter Straße**, passieren den **Willy-Brandt-Platz** (mit Willy-Brandt-Forum und Museum) und nehmen weiter **Frankfurter Straße**, **Bahnhofstraße** und **Siebengebirgsstraße** zum Bahnhof Unkel hin. Wir haben unser Ziel erreicht – nach 21 km ausblicksstarker Wanderung, bei der wir uns lokal- und regionalgeschichtliche Eindrücke verschaffen konnten. Mehrere Restaurants bieten sich zur Schlusseinkehr an.

Informationen zur Route:

Wanderkarte: Topographische Karte 1:25 000 „Naturpark Rhein-Westerwald", Blatt 1 (West), Landesamt für Vermessung und Geoinformation Rheinland-Pfalz, 6. Aufl. 2011.
Streckenlänge: ca. 21 km
Start: Hst. Kalenborn Bf (mit Schienenbus ab Linz Bf) oder Hst. Kalenborn Kirche, Vettelschoß-Kalenborn von Bus 135.
Zwischenziel: Linz Bf, Hst. von RB27, RE8 und der Busse 135, 136, 170, 565.
Zwischenziel: Erpel Bf, Hst. von RB27 und Bus 568.
Ziel: Unkel Bf. Hst. von RB27. RE8 und der Busse 565, 568.
Track: Tour #178946: Zur bunten Stadt am Rhein

Routenskizze

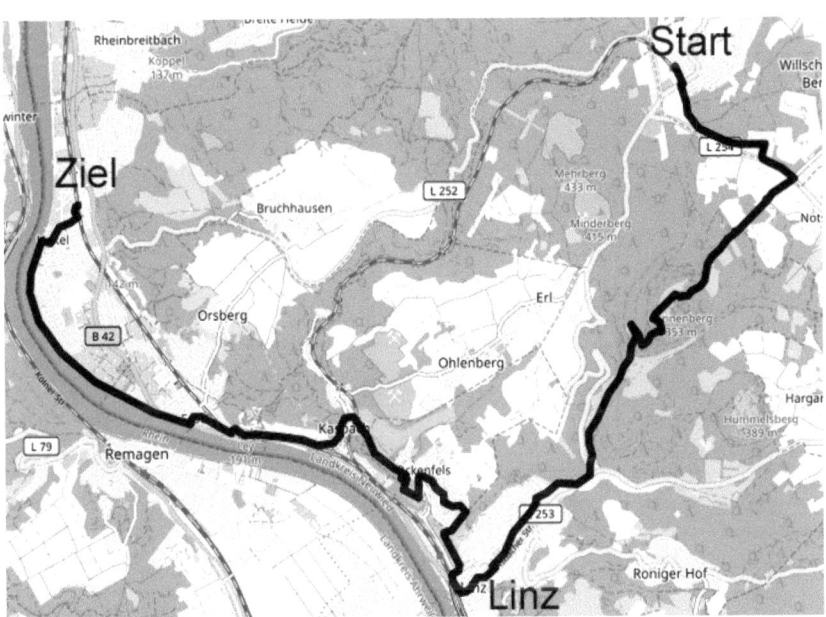

Interessante Infos unter:

Wikipedia: Fürstentum Salm, Burg Rennenberg, Schloss Rennenberg, Basalt-Actien-Gesellschaft, Linz am Rhein, Bahnstrecke Linz (Rhein)-Flammersfeld, Ockenfels, Burg Ockenfels, Kasbach-Ohlenberg, Erpeler Ley, Ludendorff-Brücke (Brücke von Remagen), Erpel, Remagen, Unkel, Schloss Marienfels, Schloss Ernich (Haus Ernich).

KuLaDig: Eisenbahnstrecke Erpel - Ludendorffbrücke - Ahrtal

YouTube: Kasbachtalbahn Linz, Erpeler Ley.

Zu Rheinblick, Fernblick und zum Wein
Von Kalenborn über Erpeler Ley nach Unkel

Nach längerem leicht abwärts führendem Waldwanderweg erreichen wir oberhalb von Bruchhausen freies Feld und eine fantastische Aussicht zum Ahrgebirge und zur Eifel hin. In Bruchhausen können wir das Totentanzgemälde in der Kirche St. Johannes Baptist betrachten und vom Plateau Erpeler Ley aus in die Tiefe auf die Rheinmäander und den Schiffsverkehr blicken, St. Apollinaris in Remagen und den Rolandsbogen sehen und nach Westen hin in der Ferne den Bergfried der ehemaligen Burg Olbrück. Bis zum Plateau läuft der Weg bequem und einfach. Danach geht es alsbald nur noch abwärts bis Unkel, wo uns Weinlokale locken – oder Bus und Bahn.

Zum Start der Wanderung fahren wir je nach Gelegenheit mit der Kasbachtalbahn oder dem Bus nach Kalenborn. In dem einen Fall starten wir am Bahnhof, im anderen an der Kirche. Von Bushaltestelle gehen wir schräg an der Kirche vorbei über den Parkplatz und dann durch die **Marienstraße** zur **Bahnhofstraße**. Am Ende dieser Straße queren wir die **Asbacher Straße** (L253) und die nachfolgend von links her die in diese Straße einmündende L 252, die nach Bruchhausen führt.

Wir setzen unseren Weg geradeaus weiter in Richtung des vor uns aufsteigenden Asberges fort. Wir laufen nun auf einem breiten Waldweg. Auf halber Strecke, ungefähr zwischen der gequerten Straße und dem Gelände der Steinbrüche rund um den Asberg, geht links ein Weg ab, der als Zuweg zum Rheinsteig (Flusssymbol auf gelbem Grund) markiert ist. Dieses Zeichen leitet uns bis zum „Auge Gottes". Der Weg ist breit, gut gewalzt und meist leicht geneigt. Hier geht es sich wirklich leichtfüßig.

Raketenabschussrampe

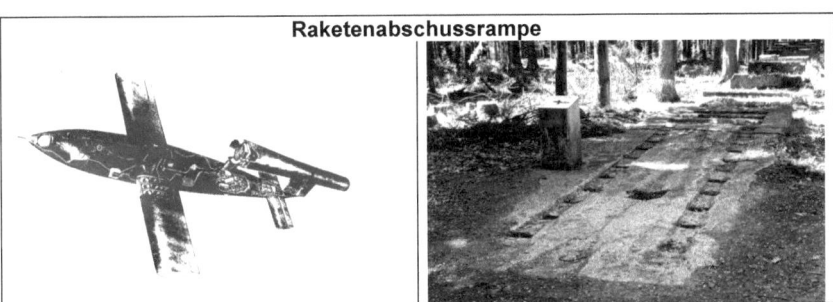

Am „Auge Gottes" verlassen wir diese Markierung (Flusssymbol auf gelbem Grund) und wechseln nach links in den Rheinhöhenweg, der durch ein „R" markiert ist. Unser Weg verläuft anfänglich quasi parallel zum links befindlichen Tal des Detzelbaches. Sofort nach unserem Wechsel in den Rheinhöhenweg befindet sich links ein größerer offener Platz mit einer Schutzhütte. Wir können diesen Platz gut für eine Kräftigungspause nutzen. Nach nur kurzer Wegstrecke passieren wir einen verblassten, gebastelten Hinweis auf Überreste einer V1-Abschussrampe aus dem Zweiten Weltkrieg. Eine kurze Begehung abseits des Weges zeigt keine deutlichen Merkmale – allerhöchstens kann man die Erdwälle und Eintiefungen als verfallene Schutzgräben deuten. Jedoch: Gehen wir auf unser Ziel zu, dann gelangen wir zu deutlichen Betonresten und einer Infotafel des Geschichtsvereins Bruchhausen. Hier wird über technische Details der Rakete informiert, über ihren Einsatz von diesem Ort aus erfahren wir nichts – schlicht es gab keinen. Die Abschussvorrichtungen wurden nicht rechtzeitig fertiggestellt. Die Tatsachen einer unschönen Zeit berühren uns nicht lange.

Wir achten weiter auf das „R" für den Rheinhöhenweg (rechtsrheinisch). An einem Wegestern – über uns eine Hochspannungsleitung – halten wir uns rechts. Wir wissen, dass wir auf dem richtigen Weg sind, wenn nach knapp 100 Metern linker Hand die komfortable „Laurentiushütte" liegt. Unterhalb dieses Platzes und seinen Bänken haben wir einen großartigen und erläuterten Ausblick in die Landschaft. Strahlend sehen wir mit Blick nach rechts das weiße Radom von Wachtberg. Und nach links blicken wir in der Ferne bis zur „Hohen Acht". Vor uns liegt der Lindenhof – von einer mächtigen Kastanie geziert. Sobald wir auf die **Waldstraße** treffen, in die wir nach rechts einbiegen, wissen wir, wir sind in Bruchhausen.

Am Lindenhof vorbei laufen wir in Richtung der Kirche von Bruchhausen. Das „R" leitet uns noch immer und führt uns im Ort nach links ab in die **Kirchbergstraße** hin zur Kirche St. Johannes Baptist (Johannes der Täufer). Diese ursprünglich romanische Kirche aus dem 13. Jahrhundert – später gotisiert – ist eine Marienwallfahrtskirche mit einer Pieta. Ein Marienbild erinnert an grausame Ereignisse aus der Zeit des Hexenwahns und dabei auch an wohl 15 verbrannte Frauen und zwei Männer. Als weithin bekanntes Kunstwerk – leider meist im Dunklen – gilt das Totentanzgemälde direkt am Kircheneingang.

Nach Verlassen der Kirche gehen wir vom Brunnenplatz (mit Information dort) durch die **Orsberger Straße** in Richtung der nach Unkel führenden L 252, überqueren sie und biegen auf dem Fuß- und Radweg nach links. Auf diesem Weg gehen wir zur K 22, queren diese und laufen dann links wenige Meter, um dann nach rechts abzubiegen und nach Passieren einer Bank rechts den geteerten Weg in Richtung Erpeler-Ley-Plateau zu nehmen. Das „R" ist immer noch unser Wegweiser. Ihm getreulich folgend, geht es bis zum Plateau.

Auf dem Plateau drehen wir eine Runde im Uhrzeigersinn. Wir gehen also nach links zum Graf-Zeppelin-Denkmal. Es erinnert an den Versuch einer Rheinquerung des Luftschiffes bei einem Überführungsflug von Frankfurt nach Köln, der über dem Felsmassiv wegen eines Unwetters abgebrochen werden musste. Weiter führt unsere Runde vorbei an einem Denkmal zu Ehren des Naturschützers und

Traditionspflegers Hans Eich. Immer wieder haben wir Blickmöglichkeiten auf den Rhein hinab und auf den Straßen- und Schienenweg nach Linz und auf diese Stadt selber. Fernab sehen wir die romanische Kirche von Sinzig und das Mündungsgebiet der Ahr, weiterhin das rechtsrheinische Brückentor der Brücke von Remagen, in dem sich heute ein Friedensmuseum befindet und wir schauen auf die Kirche St. Peter und Paul. Ganz herausragend auf der Anhöhe nehmen wir die neogotische Apollinariskirche wahr, bevor wir uns in Richtung Gasthaus wenden und es nach Belieben für eine Erholungspause nutzen.

Um vom Erpeler-Ley-Plateau nach Unkel zu gelangen, nehmen wir zunächst den Weg, über den wir zum Plateau gelangt sind. An Wegweisern biegen wir nach links und gehen bis zu der Weggabelung, die wir von Bruchhausen kommend passiert haben. Wir gehen hier geradeaus – dem Wegzeichen RV folgend – auf Orsberg zu, queren die **Orsberger Straße** und folgen weiter dem Wegzeichen RV. Nach Querung des Hähnerbachs treffen wir auf die L252, gehen nach links, unterqueren die B42 und anschließend die Eisenbahn und treffen auf die **Kamener Straße**. In sie gehen wir nach links hinein und laufen nach Querung der Linzer Straße auf der **Graf-Blumenthal-Straße** auf den Rhein zu. Das Flussufer erreichen wir nach Querung der Straße **Auf dem Rheinbüchel**. Am Rheinufer nehmen wir den Fußweg nach rechts.

Den Rheinuferweg verlassen wir wo die „Pützgasse" rechts vom Uferweg – hier **Günther-Lauffs-Promenade** genannt – abgeht. Die **Pützgasse** führt uns ins Zentrum von Unkel. Hier biegen wir nach links in die **Frankfurter Straße** ein. Diese Straße nehmen wir und wechseln auf ihr in die **Bahnhofstraße**. Sie läuft auf die Eisenbahntrasse zu. Vor der Unterführung biegen wir nach links in die **Siebengebirgsstraße**, an der der Bahnhof Unkel liegt. Welcher Rang dem Verkehrsmittel Eisenbahn eingeräumt wird, ist ironischerweise daran erkennbar, dass Treppe und Eingang eben nicht zur Bahn führen. Dahin gelangt man vielmehr über einen wenig einladenden Seitenweg, der zum Bahnsteig 1, dem Kartenautomaten und der Unterführung zum Bahnsteig zwischen Gleis 2 und 3 führt.

Informationen zur Route:

Wanderkarte: Naturpark Rhein-Westerwald, Blatt 1 (West), 1:25 000, Bad Hönningen – Linz am Rhein – Unkel- Waldbreitbach.

Streckenlänge: ca. 18 km
Start: (wahlweise). Kalenborn (Westerw) Bf Hst. von KAS (Kasbachtalbahn, Eifelbahn Verkehrsgesellschaft mbH) oder Kalenborn Kirche, Vettelschoß, Hst. der Busse 135, 139.
Ziel: Unkel Bf, Hst. von RB27, RE8 und der Busse 565, 568.
Track: Tour #178964: Zu Rheinblick, Fernblick und zum Wein

Routenskizze

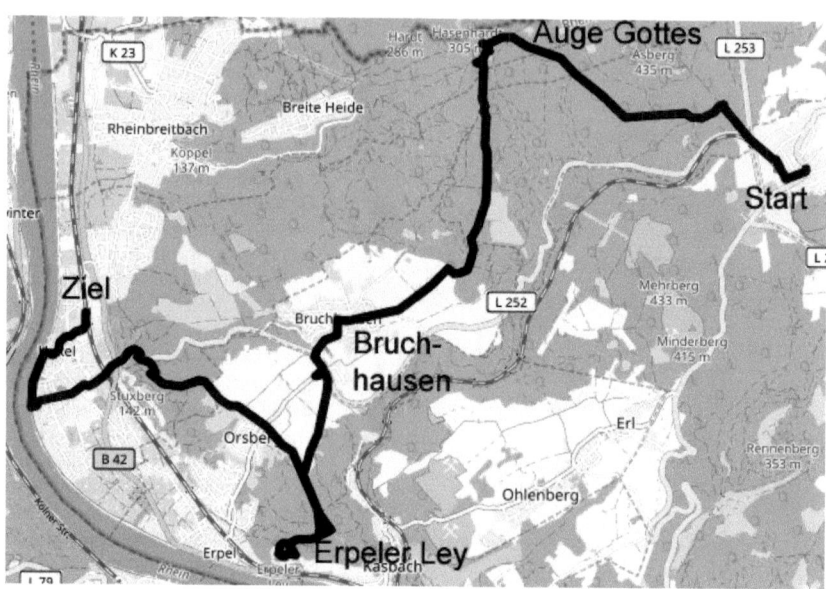

Interessante Infos unter:

Wikipedia: Kalenborn, Asberg, Auge Gottes (Bildstock), Radom Wachtberg, Bruchhausen (Landkreis Neuwied), St. Johannes Baptist (Bruchhausen), Erpeler Ley, Zeppelinstein, Remagen, Brücke von Remagen, Unkel.

KuLaDig: V1-Feuerstellung Nr. 328 im Bereich des Asbergs, Geschichtsweg Bruchhausen.

Suchmaschine: Der Totentanz von Bruchhausen, Totentanzbild, St. Johannes Baptist, Bruchhausen.

Romantische Rheinblicke
Von Remagen nach Mehlem

Von Remagen nach Mehlem wandern wir – mit Blick auf den Rhein und die ihn rahmende Berglandschaft am nördlichen Ende des Mittelrheins und am südlichen Ende der Kölner Bucht.

Wir wandern in einer dramatischen Landschaft. Hier tritt das rheinische Schiefergebirge auseinander und an der Scharnierstelle haben wir den Vulkanismus des Siebengebirges und des Drachenfelser Ländchens. Zwischen dem Drachenfels – abgeleitet von Trachytfels – und dem Rodderberg durchströmt der Rhein eine Engstelle. Steile Felsen und spontane Senkrechte bestimmen das Formenbild und über allem ist großflächiges Grün der Höhenzüge ausgebreitet.

Unsere Wanderung startet in Remagen. Keltisch hieß der Flecken Rigomagos und war in der Römerzeit ein Castell, was soviel wie kleines Militärlager bedeutet. In der Neuzeit wurde Remagen weltbekannt durch seine Eisenbahnbrücke nach Erpel – die „Brücke von Remagen" -, die eigentlich Ludendorff-Brücke hieß und zwischen 1916 und 1918 erbaut wurde. Für General Ludendorff war sie für Militärtransporte durch das Ahrtal in die Nähe zum Kampfgebiet der Westfront erforderlich.

Nach Verlassen des Bahnhofs gehen wir nach links auf der **Drususstraße** längs der Eisenbahngleise bis zu einer Unterführung, an der das Zeichen „R" für den Rheinhöhenweg angebracht ist. Vor dem Tunnel befindet sich rechter Hand eine kleine Fontäne, deren Wasser über eine vierstufige Kaskade rauscht. Hinter der Kaskade sehen wir noch die Turmspitzen der romanischen Kirche St. Peter und Paul.

Nach Durchquerung des Tunnels geht es rechts in die **Fürstenbergstraße**, vorbei an der Marienkapelle „in der Lee" über einen Kreuzweg in Richtung Apollinariskirche.

Kurz bevor der Weg links abbiegt, hat man einen sehr schönen Blick rheinabwärts.

Schon zur Römerzeit war der Standort der Apollinariskirche eine Stätte der Verehrung römischer Gottheiten. In der neugotischen Kirche werden in der Krypta die Gebeine des Hl. Apollinaris verehrt.

Laut Legende sollte Apollinaris mit den Reliquien der Hl. Drei Könige auf dem Rhein nach Köln überführt werden. Bei Remagen jedoch stockte das Schiff. Es ließ sich erst wieder bewegen, als die Gebeine des Heiligen in der Martinskapelle beigesetzt worden waren. Der Ort seiner Aufbahrung erhielt bald die Bezeichnung Apollinariskirche und Apollinarisberg.

Die katholische neugotische Kirche errichtete der evangelische Kölner Dombaumeister Zwirner. Bauherr war der Graf von Fürstenberg-Stammheim, dessen Name den Kölnern als Eigentümer des Schlosses Stammheim bekannt ist.

Unseren weiteren Weg nehmen wir an der Gruft der Familie Fürstenberg-Stammheim vorbei. Wir steigen die steile Treppe gegenüber der Kirche hinauf – dabei dem Zeichen für den Rheinhöhenweg und Rheinburgenweg folgend. An einem Aussichtspunkt mit einer Statue des Hl. Franziskus – Franziskanermönche betreuten bis 2006 die Wallfahrtskirche – halten wir noch einmal inne, um den Ausblick zu genießen – auch auf die Erpeler Ley.

Dann geht es ansteigend zum einst beliebten Ausflugslokal "Waldschlösschen". Ein kurzes Stück laufen wir auf der **Birresdorfer Straße**. An einem mächtigen Eichenbaum beim „Waldschlösschen" weisen uns Zeichen nach rechts den Weg in den Wald. Wir gehen den Pfad, der durch ein Durchfahrtverbotsschild auffällt, am idyllischen Teich vorbei.

Unser Weg führt abfallend ins Taubenbachtal. Wir kommen an einem Gehege mit Mufflonschafen vorbei. Im Taubenbachtal angekommen, geht es hinter der Schranke nach rechts. Wir achten auf den links von der Asphaltstraße **Calmuth** abzweigenden Wanderweg, der mit dem Symbol „R" des Rheinhöhenwegs und dem Zeichen für den Rheinburgenweg gekennzeichnet ist. Auf dem länger sich hinziehenden Anstieg streben wir nach Unkelbach.

Unkelbach war bereits frühgeschichtlich und römisch besiedelt. Der Ortsname ist abgeleitet vom lateinischen „uncus" – ein Wort das auch Bogen bedeutet. Entsprechend hat die vorhandene Rheinkrümmung den Ortschaften des Gebietes den Namen gegeben – so auch für Unkel selber. Unkelbach war in Zeiten der Konjunktur für Basaltsteine durchaus wohlhabend – wie an der triumphalen neugotischen Kirche in Ziegelbauweise zu sehen ist.

Von Unkelbach aus führt der Weg über Bandorf zum Oberwinterer Ortsteil Birgel. Nach Überquerung des Unkelbachs werden wir nach Bandorf gewiesen. Wir merken uns, dass wir bis Birgel dem Wegzeichen „3" folgen müssen. An der Kreisstraße 41 laufen wir ein kleines Stück talwärts, erblicken einen unscheinbaren links leicht ansteigenden Pfad in den Wald. Am Anfang fehlt die Markierung.

Nach kurzer Strecke wendet sich der Weg scharf nach links und in dieser Kurve zeigt ein Zeichen, dass wir richtiggehen. Um den „Birgeler Kopf" herum gelangen wir zur Ortsmitte – bei Birgeler Kreuz und Dorflinde. Kurz vorher können wir einen Blick auf den Rhein werfen und sehen vielleicht gerade die Fähre Honnef – Rolandseck bei Stromkilometer 640 den Fluss queren. Den Hintergrund bildet das Panorama der Höhen des Siebengebirges.

Vom Birgeler Kreuz geht es ein kurzes Stück in den **Rheinhöhenweg** hinein. Diese Straße verläuft parallel zum Rand des steil ins Rheintal abfallenden Hanges. Sie macht ihrem Namen alle Ehre. Ausblicke auf den Rhein sind in den Lücken zwischen den bebauten Grundstücken möglich. Wo die Straße **Rheinblick** am **Lohbergweg** nach links schwenkt, folgen wir der Straße, bis sie nach der Siedlung „Waldheide" in einen ungeteerten Wanderweg einmündet. Der Weg führt am Gipfel des Berschenbergs vorbei. Unser Etappenziel ist jetzt der Rolandsbogen. Dorthin streifen wir eine Obstbaumplantage und queren an einem Teich den Rolandswerther Bach. Noch einmal haben wir es mit Obstbaumplantagen unmittelbar rechts und links des Weges gegenüberliegend zu tun, bevor wir in den Abzweig zum Rolandsbogen hineingehen.

Am Rolandsbogen sehen wir den Dreiklang von Drachenfelsburg-Ruine, Schloss Drachenburg – ein 1882 bis 1884 errichteter Wohnsitz eines Börsenmaklers – und Hotel Petersberg auf dem Petersberg. Am Drachenfels ist deutlich der Steinbruch erkennbar, an dem Trachyt für den Kölner Dom gewonnen wurde. Der Blick geht auch auf Godesberg und den beflaggten, sanierten Bergfried der 1583 gesprengten Godesburg. Vor uns liegt die Honnefer Talweite. Nach Süden geht der Blick auf den Bahnhof Rolandseck und den Schienenstrang der linksrheinischen Eisenbahnstrecke.

Nach ausgiebigem Genuss des Ausblicks geht es nun noch 6 km bis zum Bahnhof Bonn-Mehlem. An unserer Wegstrecke liegt der „Heinrichsblick". Der Name des Aussichtspunktes verweist auf einen durch Niedertracht unschuldig zu Tode Verurteilten.

Die Sicht auf das gegenüberliegende Panorama ist grandios. Direkt vor dem Betrachter liegen die Drachenburg, Hotel Petersberg und die Ruine der Drachenfelsburg. Von der Brüstung aus sieht man den Rhein und in nördlicher Richtung ganz gut das Panorama von Köln mit Colonius, Kölnturm im Mediapark, Dom und KölnTriangle. Näher zum Aussichtspunkt erkennt man Zeichen der Erdölchemie südlich von Köln und natürlich sieht man deutlich den Posttower in Bonn und die Godesburg.

Vom „Heinrichsblick" gehen wir in Richtung Norden auf dem Fahrweg weiter, folgen rechts abzweigend dem Pfad, der zur **Vulkanstraße** führt und erreichen nach wenigen Schritten die **Kraterstraße**, die uns talwärts führt. An der **Rodderbergstraße** geht es links und dann rechts in den **Levyweg** zur

Oberaustraße, auf der wir links gehend auf die **Meckenheimer Straße** zulaufen. Talwärts gehend erreichen wir das Rheinufer. Nach links wandern wir zur Fähre Königswinter – Mehlem und dort links aufwärts zum Bahnhof Mehlem.

Wir haben unser Ziel erreicht. Zuvor konnten wir uns nahe des Fähranlegers zwischen zwei Gasthöfen zur Schlusseinkehr entscheiden – oder auch nicht. Das Bahnhofsrestaurant bietet uns zur Einkehr eine letzte Möglichkeit.

Informationen zur Route:

Wanderkarte: Topographische Karte 1:25 000, „Naturpark Rhein-Westerwald", Blatt 1 (West) Landesamt für Vermessung und Geoinformation Rheinland Pfalz, 6. Aufl. 2011, für den Routenteil Remagen – Rolandsbogen; vom Rolandsbogen bis Mehlem, Wanderkarte NRW 22 „Bonn, Siegengebirge und Kottenforst", 1:25 000.

Streckenlänge: ca. 21 km
Start: Bahnhof Remagen, Hst. der Züge RB26, RB30, RB39, RE5 und der Busse 802, 827, 828, 830, 841, 851, 852, 853, 922.
Ziel: Bahnhof Mehlem, Bonn Hst. der Züge RB26, RB30 und der Busse 610, 613, 614, 856, 857.
Track: Tour #178965: Romantische Rheinblicke

Routenskizze

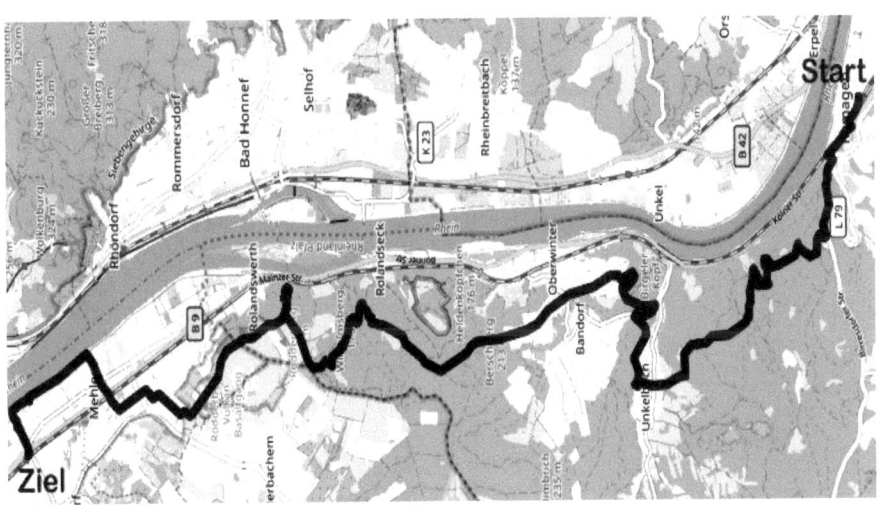

Interessante Infos unter:

Wikipedia: Remagen, St. Peter und Paul (Remagen), Ludendorff-Brücke, Erpeler Ley, Siebengebirge, Apollinariskirche (Remagen), Ernst Friedrich Zwirner, Krypta, Reliquie, Unkelbach, Ahrtal, Franz Egon von Fürstenberg-Stammheim, Schloss Stammheim (Köln).

Vom Wilden Kermeter ins offene Land
Von Wolfgarten bis Kommern

Ein gefälliger Weg führt uns durch das große Waldgebiet des Kermeter-Höhenzuges nach Osten in Richtung Mechernich meist flach geneigt talwärts. Ein Laub-Nadelmischwald umgibt uns. Boden und Wurzelregionen sind anfänglich stark bemoost. Das zeigt an: Der Kermeter ist ein niederschlagsreiches Waldgebiet. Weite Sichten haben wir ab Voißel, zweimal eindrucksvoll Fachwerksiedlungen und schließlich vom Eifelblick bei Kommern einen sehr weiten und eindrücklichen Blick in die Ebene der Niederrheinschen Bucht.

Unsere Wanderung führt vom Höhenzug des Kermeters mit einem der größten Laubwälder im Rheinland – nahezu 33 Quadratkilometer groß – ins Vlattener Hügelland und weiter nach Osten in die Mechernicher Voreifel. Die höchste Erhebung des Kermeters liegt mit 527,80 Metern bei Wolfgarten. Nadelbaumbestände sind – wie überhaupt in der Nordeifel – das Resultat eines preußischen Aufforstungsprogramms. Das betrieb Preußen, nachdem es 1815 beim Wiener Kongress das Rheinland zugesprochen bekommen hatte. Erneut wurde mit Nadelbäumen aufgeforstet, um Waldzerstörungen durch Kampfhandlungen im Zweiten Weltkrieg zu beheben. Nadelbäume gehören nicht zum natürlichen Bestand des Kermeters und so wird seit langem daran gearbeitet, wieder eine naturnahe Bewaldung zu entwickeln bzw. sich entwickeln zu lassen.

Wir starten an der Bushaltestelle „Wolfgarten Kreuzung, Schleiden", bei der sich auch der Parkplatz Tönnishäuschen befindet. Auf der B 265 gehen wir wenige Meter in Richtung Gemünd. Bevor die Straße deutlich ins Tal abfällt, biegen wir nach links in den Wander- und Radweg, der in Richtung Kall führt. Der Weg, den wir betreten wird „Kohlweg" genannt. Auf ihm wurde in historischer Zeit die Holzkohle für die Bleigewinnung zu den Bleibergen gebracht. Und die Holzkohlegewinnung war dann auch eine wesentliche Ursache für die Übernutzung des Waldes, dem Preußen dann durch Fichtenforsten gegenzusteuern suchte.

Kaum sind wir wenige Meter aufwärts gegangen, haben wir die flache Wanderebene erreicht. Wir queren auf gut ausgebautem Weg einen sehr nassen Geländeabschnitt. Deutlich erkennen wir, dass Waldumbau betrieben wird. Auf dem 4 km langen Waldweg bis Voißel sehen wir eine deutliche Baumdurchmischung von Fichten, Kiefern, Eichen, Erlen, Birken, einen dichten Baumbestand und eine gut ausgebildete Strauchschicht.

Obwohl der Weg „Kohlweg" genannt wird, wandern wir auf dem „Krönungsweg" – gegen die Spitze orientiert an der offenen Seite eines diesen Weg markierenden spitzen Winkels. Der Weg führt von Frankfurt über Bonn bis Aachen. Auf ihm zogen die In Frankfurt erwählten Könige bzw. Kaiser zur Krönung an den Sitz Karls des Großen nach Aachen. Dort wurden sie gesalbt und übernahmen die Reichsinsignien: Reichskrone, Reichskreuz, Reichsschwert, Heilige Lanze, Zepter und Reichsapfel. Ohne diesen Akt der Krönung in Aachen war das Herrscheramt rechtlich nicht vollständig erlangt.

Wir wandern strikt nach dem Wegzeichen für den Krönungsweg oder orientieren uns an den Wegweisern zunächst nach Kall und dann nach Voißel. Voißel ist eindeutig unser Zwischenziel. Kurz vor Voißel sehen wir Zeichen der modernsten Moderne –

Windkraftanlagen zwischen Wallenthalerhöhe und Voißel. Vor uns erblicken wir die vom Grün entblößten Hänge des Mechernicher Bleierzabbaus in ungefähr 4 Km Entfernung. In Voißel machen einige Fachwerkbauten auf uns Eindruck. Später allerdings werden wir sehen: Es gibt Eindrucksvolleres. Durch die **Triftstraße** laufen wir auf die querende Kreisstraße K27– namens **Ritterstraße** – zu. In sie biegen wir nach links ein und queren sie. Von der anderen Straßenseite aus haben wir dann, bevor wir in den nächsten Teerweg rechts einbiegen, noch einen Blick auf die linksbefindliche alte Schule mit der bemerkenswerten Inschrift „Gott und dem König".

Den nach rechts abfallenden Teerweg nehmen wir und gehen den nächsten abgehenden Weg links. Wir haben nun das Tal des Mühlenbaches erreicht. Es geht auf Wirtschaftswegen durch offenes Grasland. Nach einer Querung des Baches liegt rechts von uns auf ansteigendem Gelände ein kleiner Eichenwald. Ein Feldweg nimmt uns wieder auf und führt uns zwischen Wielspütz – hier befand sich das Bleibergwerk „Gute Hoffnung" – und Bescheid – einst ein Ort mit 300 Einwohnern und zerstört durch einen Brand – über eine schmale Straße. Nach deren Querung werden wir über die Bergbaugeschichte informiert. Alsbald passieren wir den jüdischen Friedhof von Bleibuir. Dort waren bis zum Niedergang des Bergbaus 1892 Juden als Händler tätig. Die Steine auf den Grabsteinen sind Zeichen des Totengedenkens von Grabbesuchern.

Wenig weiter sehen wir über Bäume und Hausdächer aufragend den Kirchturm der Bleibuirer neugotischen Kirche St. Agnes aufragen. Die Kirche ist in einem repräsentativen Stil errichtet – vom 1863 zum Diözesanbaumeister bei der Erzdiözese Köln ernannten Architekt Statz – und entspricht dem Selbstverständnis der rheinischen Katholiken nach dem Ende des Kulturkampfes: Kirchen im neugotischen Stil mit hochragenden Kirchtürmen sind Ausdruck eines Siegesbewusstseins in diesem Kampf.

In Bleibuir treffen wir auf die Straße **Um die Weiher**. Diese Straße geradeaus durchlaufend, erreichen wir die Straße **Am Mönch**, überqueren sie und laufen durch die **Sankt-Agnes-Straße** am rechts liegenden Denkmal vorbei bis zur Straße **Zur Blenser Mühle**. Diese Straße geht in einen Wiesenweg über, von dem aus wir nach einer kurzen Wegstrecke das jenseits des Baches stehende Anwesen der ehemaligen Blenser Mühle sehen. Nach der Überquerung des Baches geht es ein kurzes Stück sachte aufwärts am Waldrand entlang und dann links. Auf Abstand betrachtet, sehen wir Häuser der Ansiedlung Schützendorf. Wir bleiben am Waldrand und gehen dann den folgenden Teerweg nach links talwärts in Richtung des Bachlaufs, biegen dann stumpfwinkelig rechts ab und vor dem Verkehrzeichen an der vorbeikurvenden Straße scharf rechts in den aufwärts gehenden Weg. Am Hochsitz müssen wir den Weg nach links nehmen. Schwach erkennen wir alsbald einen Kirchturm und Wildmühlenflügel im Freilichtmuseum Kommern. Wir streben auf den Ort Hostel zu. Vom Weg aus erblicken wir links im Tal den spätromanischen Turm der Kirche St. Andreas von Glehn. Und wir blicken kurz in die Weite der Niederrheinischen Bucht.

Unsere Geradeausstrecke gelangt zu einer Querstraße, rechts von uns befindet sich ein landwirtschaftlicher Betrieb und wir folgen unserem Krönungsweg nach rechts abbiegend. Noch vor der folgenden Kreuzung erblicken wir das Ortsschild von Hostel. Dahin biegen wir links ab in die **Kreuzgasse**. Vor uns ragt von ihrer Größe her wenig beeindruckend eine kleine Kirche auf. Am Kirchhof erkennen wir: Es handelt sich um ein Kleinod mit Ursprung im 12. Jahrhundert, dessen Turm und Chorhaus aus dem 15. Jahrhundert stammen. Die Kapelle hat eine barocke Ausstattung und ist dank der Aktivität des örtlichen Kapellenvereins in einem außergewöhnlich guten Zustand. Die Widmung der Kapelle an St. Hubertus bedarf eigentlich keiner Erläuterung. Aber was ist mit den Drei heiligen Mohren. Kirchen, die den Mohren oder Mauren gewidmet sind, gibt es im Kreis Düren mehrere. Gemeint sind damit Soldaten der römischen Thebäischen Legion, die im Rheinland Dienst taten und die Verfolgung von Christen verweigerten. Sie wurden der Erzählung nach hingerichtet. Für sie stehen die drei Namen Mauritius, Viktor und Gereon. Der letztere ist den Kölnern durch die romanische Basilika gleichen Namens wohlbekannt. Mitreißend sind die zahlreichen Fachwerkhäuser an der **Friedentalstraße** und am Dorfanger **Frankenring**. An unserem Weg gibt eine Stele eine kurze Erläuterung zur Ortsgeschichte.

Die **Friedentalstraße** biegt vom Anger im stumpfen Winkel links ab. Wir folgen noch ein kurzes Stück dem Krönungsweg. Er verlässt unsere geplante Route an der nächsten rechts abgehenden, namenlosen Straße. Wir könnten von dort aus in 3,5 km den Bahnhof Mechernich erreichen. Uns dürstet allerdings noch nach einer abschließenden Waldstrecke und gehen deshalb geradeaus. Wir laufen auf den Wald zu, werden dabei auf die Panorama-Route aufmerksam gemacht und stoßen geradeaus gehend alsbald auf das Wegzeichen des Mechernicher Rundwanderweges 1. Von dem breiten Forstweg zweigt nach links ein Waldläuferpfad ab, an dem das Wegzeichen öfters wiederholt wird. Wir gelangen zu einer Wegstelle, an der unser Pfad wieder auf den breiten Wirtschaftsweg trifft und kurz danach eine Stele uns auf die historische Bedeutung des Geländes und die römische Straßenführung aufmerksam macht. Durch den breiten Wirtschaftsweg lassen wir uns nicht verleiten, sondern folgen vielmehr dem Hinweis nach Eicks. Dieser Pfad könnte uns wegen der geringen Zahl von Wanderwegzeichen irritieren. Bleiben wir aber tapfer auf unserem deutlich erkennbaren Pfad – bei neuem Herbstlaub etwas schwierig – werden wir schließlich in Richtung Waldkapelle gewiesen. Diese Richtung nehmen wir. Unser Pfad mündet schließlich in einen breiteren Weg und nach wenigen Metern auf diesem Weg taucht links ein Tempelchen mit einer Marienstatue auf. Die Marienstatue erfährt – wie an brennenden Lichtern zu erkennen ist – aktive Verehrung.

Den Kapellenplatz verlassen wir auf dem Weg 1, gehen bis zum Waldrand und dann rechts – den Rundwanderweg 1 verlassend – geradeaus an einer Wiese entlang. Nach ca. 300 Metern geht ein Weg rechts ab, den nehmen wir zum Freilichtmuseum hin. Es ist wieder der Wanderweg 1. An der nächsten Ecke geht es nach links und danach nach rechts – das historische Vermessungsgerüst in ca. 800 Metern Entfernung erhöht am Hangrand über uns fest im Blick. Wir gehen einen Pfad alsbald parallel zur Zufahrtsstraße zum Freilichtmuseum Kommern, betreten die Teerstraße und laufen zwischen der sich entwickelnden Allee der Jahresbäume. Vom rechts befindlichen großen Museumsparkplatz haben wir wieder einen grandiosen Blick in die Niederrheinische Bucht bis zu den Höhen des Bergischen Landes und zu den Braunkohlekraftwerken.

An einer Infotafel schlagen wir den Weg links zum Eifelblick ein, wandern anschließend am Waldrand entlang auf dem Wanderweg 1 bis zur Straße **Am Hostert**, gehen nach rechts und dann nach links, den Wanderweg 1 verlassend, die **Toni-Steingass-Straße** in Richtung der Einbahnstraße abwärts. An der

Bundesstraße 266 angekommen, biegen wir nach der Querung am beampelten Übergang nach links, laufen bis zur rechts abgehenden Treppe und gehen abwärts über die **Essersgasse** bis zur querlaufenden **Mühlengasse**. Das eindrucksvolle Fachwerkensemble überrascht uns auf dem Weg nach links bis zur rechts abgehenden **Gielsgasse**, in der sich unsere Bushaltestelle zur Fahrt zu den Bahnhöfen Mechernich oder Euskirchen befindet.

Informationen zur Route

 Wanderwegzeichen für den Krönungsweg (hin und wieder mit Zusatz 10)

Wanderkarte: Kall, Kommern, Mechenrnich, Nettersheim, 1:25 000, Wanderkarte Nr. 5 des Eifelvereins.
Stereckenlänge: ca. 17 km
Start: Wolfgarten Kreuzung, Schleiden, Hst. der Busse 231, 814 und AST 895.
Ziel: Gielsgasse, Mechernich, Hst. der Busse 808, 809.
Track: Tour #178966: Vom Wilden Kermeter ins offene Land

Routenskizze

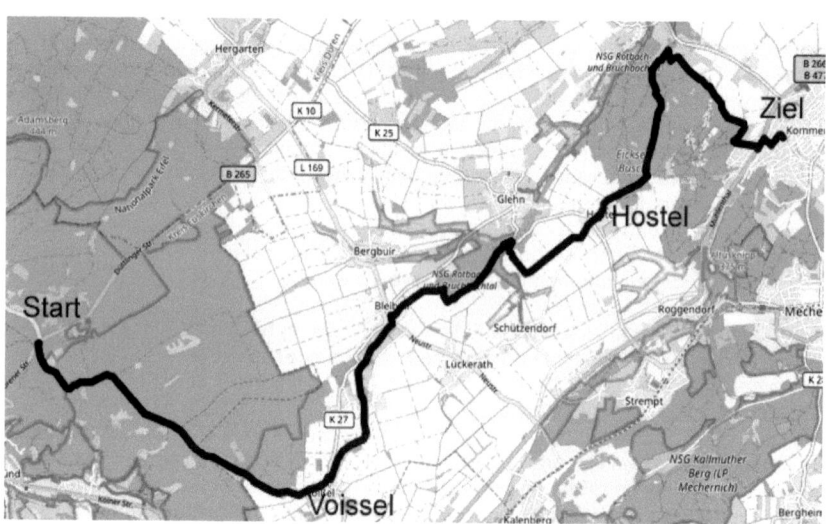

Interessante Infos unter

Wikipedia: Kermeter, Nordeifel, Waldumbau, Niederrheinische Bucht, Voißel, Bleibuir, Kulturkampf, Schützendorf (Mechernich), Glehn (Mechernich), Freilichtmuseum Kommern, Hostel (Mechernich), Thebaische Legion, Kommern.

KuLaDig: Bleibergbau Mechernich.

Gold, Gold, Eifelgold
Von Vogelsang nach Einruhr – Dreiborner Hochfläche

Diese Weite, diese Offenheit, dieser unverstellte Blick ins Land auf der Dreiborner Hochfläche – einfach herrlich! Und dabei weht einem der Wind um die Nase und keine Grenze – außer dem Horizont. Noch am Tage nach der Wanderung, nach tiefem, gesunden Schlaf, fühlt man sich frei, ist entspannt, ausgeruht und begeistert. So wenigstens war die Gefühlswelt einer eigentlich nicht so ganz erfolgreichen Wanderung zur Ginsterblüte über die Dreiborner Hochfläche.

Ein großer Erfolg war diese Wanderung nicht, weil zu ahnen war: Die große Blüte steht noch bevor – in vielleicht zehn bis vierzehn Tagen. Aber dennoch war es herrlich. Von dem gewünschten Eindruck gab es nur wenige gelbe Flecken, aber am dunklen Grün und den Flecken im Wiesenland war zu ahnen, wie es sein könnte, wenn der Ginster blühte. Deshalb kam der Entschluss, es zwei Wochen später noch

einmal zu versuchen. Und dann kam die Wiederholung und das Gold der Eifel machte begierig nach mehr. Alle zwei Jahre wird in Dreiborn ein Ginsterblütenfest veranstaltet. Jeweils am zweiten Wochenende im Juni lohnt sich die hier angeregte Wanderung besonders.

Die Dreiborner Hochfläche ist altes begünstigendes Siedlungsland – schon keltisch, römisch und mittelalterlich besiedelt. Begünstigend wirkte sich aus, dass die Höhenlagen eher landwirtschaftlich genutzt werden konnten, weil hier, ungewöhnlich, die Temperaturen eher höher liegen als in den engen, nassen Tälern und auf der Hochebene manche Quellmulde das erforderliche Wasser lieferte und Holz zum Bauen und Heizen an den Hängen andauernd verfügbar war. Bis 1946 wurde die Hochebene für Ackerbau und Schafzucht genutzt, wodurch sie zur eindruckvollen Offenlandfläche wurde. Durch Umwandlung in einen Truppenübungs- und Schießplatz entstanden die dominierenden Grasflächen und die Ginster-Verbuschung. Nur durch weitere menschliche Eingriffe wird verhindert werden können, dass Wald die Ebene wieder erobert.

Unsere Wanderroute liegt im südlichen Teil der Dreiborner Hochfläche, die insgesamt das Zentrum des NATO-Truppenübungsplatzes Vogelsang war. Der wurde ursprünglich 1946 von britischen Streitkräften eingerichtet und 1950 an das belgische Militär übergeben. 2005 endete der Rechtsstatus des Übungsgebietes und seit 2006 ist es der Öffentlichkeit eingeschränkt zugänglich. Die Einschränkungen beruhen auf den Naturschutzanforderungen, die für einen Nationalpark gelten, sowie auf Vermeidung der Gefährdungen, die durch Munitionsaltlasten von einem solchen Platz ausgehen. Es dürfen demnach nur die markierten Wege begangen werden, die übrigens durch gute Ausschilderung zuverlässig den Weg weisen. Der richtige Weg zu unserem Ziel ist nicht zu verfehlen. Wir wandern vom Walberhof nach Dreiborn und von dort vorbei an Erkensruhr nach Einruhr.

Unsere Ginsterblütenwanderung startet am Kreisverkehr Walberhof, Haltestelle des Shuttlebusses SB82 (der Bus startet in Kall), oder am Parkplatz gegenüber der Haltestelle. Am Kreisverkehr befindet sich ein Wegschild, dass in Richtung Einruhr weist. Den Weg gehen wir ein kurzes Stück, biegen einmal kurz nach Norden und wieder nach Westen. Möglicherweise sind wir alsbald vom Wegweiser nach Dreiborn irritiert, denn zum Wiesenweg, in den wir gewiesen werden, müssen wir erst Vertrauen gewinnen. Da wir jedoch zuvor schon den Turm der Kirche St. Georg in Dreiborn und dahinter die Windkraftanlagen gesehen haben, können wir mit Zuversicht die gewiesene Richtung einschlagen. 3,8 km sollen es bis Dreiborn sein. Der Weg kann nicht verfehlt werden.

Auf einer neu angelegten Holzbrücke überschreiten wir den Helingsbach, überqueren wenig später eine Panzerstraße und gehen einige Holzstufen hoch. Ungefähr 900 Meter nach dem Helingsbach erreichen wir die Siedlungsgrenze von Dreiborn. Dort, wo der Sandweg in die geteerte **Wollseifener Straße** übergeht, biegen wir links ab. Markant ist diese Wegstelle durch das Schild „Gaststätte Burgschenke". Nach knapp 100 Metern – an der Kläranlage – biegen wir rechts ab und haben auf dem vor uns liegenden Wegabschnitt eine idyllische Aussicht auf die Kirche von Dreiborn.

Unsere Wanderung führt – ungefähr 300 Meter nach der Kläranlage - von der direkten Route abgehend zur Burg Dreiborn. Dazu gehen wir an dem Hinweisschild „Dreiborner Höhe" geradeaus bis zur Landtrasse (L 207) und bewegen uns kurz auf deren linken Seite bis zum Zugang zur Burg. Wir stehen vor der höchstgelegenen Wasserburg im Rheinland und vor einer der ungefähr 150 Höhenburgen der Eifel. 1334 wird sie erstmals erwähnt. Spätmittelalterlich sind noch der freistehende Turm, Teile der Umfassungsmauer sowie zwei Ecktürme in dieser Mauer. Die ganze Anlage ist in Bruchsteinen ausgeführt. Der freistehende Turm ist verputzt, ebenfalls das in der frühen Neuzeit errichtete zweigeschossige Wohnhaus. Fast 400 Jahre lang war die Burg im Besitz der bei Bedburg herrschenden Adelsfamilie Harff.

Der Ort Dreiborn, abgeleitet von drei vorhandenen Quellen, gibt der Hochfläche, die bei ca. 570 Metern Höhe liegt, den Namen. Bekannter war sie als Truppenübungsplatz Vogelsang.

Von der Burg aus gehen wir zurück zum Schild, biegen in die Straße **Burgauel** links ein, gehen bis zur Burgschenke und vor dieser nach rechts in eine Gasse und dann nach links, um zur **Wollseifener Straße** zu gelangen. Am Bildstock mit Herz Jesu Statue geht es dann nach links. Auffallend sind einige schmucke Fachwerkhäuser. Vorbei am Pfarr- und ehemaligem Schulhaus gelangen wir zum Abzweig der

Georgstraße von der **Oberstraße**. In die **Georgstraße** biegen wir nach rechts ein, die Kirche im Rücken, und streben geradeaus zur Rothirsch-Aussichtsempore.

Die Aussichtsempore liegt jenseits der „Panzerstraße". Wir informieren uns über den Zweck der Empore und betrachten still das vor uns liegende Land. Die Empore soll vorwiegend der Beobachtung der morgens und abends auf den Grasflächen äsenden Rothirsche dienen. Vom Ausgang der Empore geht es nach links. Dort treffen wir an einer Infotafel auf den Wegweiser nach Schöneseiffen. Den Pfad, den wir erahnen können, nehmen wir, auch wenn er uns nicht ganz geheuer ist. Hin und wieder sehen wir jedoch die wegweisenden Pfähle. Der Weg führt vorbei an einem aus einem Rohr austretenden kleinen Bach, dem Frankenbach.

Wenig später kommen wir an eine Wegstelle, an der links die „Panzerstraße" liegt und rechts ein wenig ansteigend ein Pfad zur Wiese geht, an ihrem linkem Rand gehend streben wir zur Höhe und stoßen dort auf ein Schild, das in Richtung Hirschrot" weist. Es geht abwärts zu den Trittsteinen über den Mückenbach und wieder ca. 30 Meter aufwärts bis zu einer Wegstelle, an der wir wieder nach Hirschrott gewiesen werden. Vor uns erstreckt sich als langes verschwingendes Band unser langsam abfallender Höhenweg.

Hier sind wir besonders dem Wind ausgesetzt und wenn der kalt ist, ziehen wir uns in uns zusammen, um alle Wärme bei uns zu behalten. Der Weg, der vom Wegweiser aus nordwestlich ging, verschwenkt nach 1,2 km Richung Norden und nach weiteren 1000 Metern sehen wir die Wegweisung nach Erkensruhr. Diesen Weg, der am Gierberg östlich vorbeiführt, nehmen wir. Nach einiger Zeit sehen wir auf der östlichen Seite Artilleriefeldzeichen aus der Zeit, als der Platz zu Schießübungen genutzt wurde und öfter Zielgebiet für Kanonaden von einem Abschussplatz in Belgien, mehr als 20 km entfernt, war. Sobald wir den Waldrand erreichen, ist unser Weg bereits 70 m gefallen und wir sind auch dem Wind nicht mehr ausgesetzt.

Bei ungefähr 400 Metern Höhe macht der Weg eine scharfe Linkswendung. Radfahrer werden hier aufgefordert abzusteigen. Weitere 65 Meter tiefer folgen wir vor einer Linksbiegung dem geradeaus führenden Weg. Von nun an werden wir nach Einruhr gewiesen. Auf dem parallel zum Hang laufenden bequemem Pfad erreichen wir nach bald 900 Metern die **Kreisstraße** über eine 15 Meter steil abfallende Geländestufe. Zwar sind Stufen angelegt, aber dennoch ist Vorsicht geboten. Ein kurzes Stück gehen wir auf der linken Straßenseite und erkennen einen Wegweiser, der uns nach rechts in Richtung Einruhr weist. Vorbei an Weideflächen und durch einen Waldweg kommen wir wieder zur **Kreisstraße**, der wir links gehend bis zur B 266 folgen.

Links abbiegend und achtsam links gehend, folgen wir einem links von der Straße abbiegenden Weg an der Erkensruhr entlang. Der Ort Erkensruhr – der Ortsname rührt vom gleichnamigen Bach, der bei Einruhr in die Rur mündet – ist eine 3 km lange Streusiedlung ohne Durchgangsstraße. Zeitweilig wurde hier Schiefer abgebaut. Am Obersee des Rursees erreichen wir die Straßenbrücke und gehen rechts die B 266 überquerend in den Ort Einruhr. Bodenfunde belegen eine Besiedlung zur Römerzeit, die wahrscheinlich wüst fiel. Seine heutige Existenz verdankt Einruhr der Gründung eines Eisenwerkes 1470, das auf Vorhandensein von

Raseneisenstein, ausreichendem Holz für die Gewinnung von Holzkohle und der Wasserkraft beruhte.

In Einruhr endet unsere Wanderung. Wir haben hier mehrere Einkehrmöglichkeiten und vor allen Dingen eine Busverbindung (SB63, an Wochenenden eingeschränkte Verbindungen) zurück zu unserem Startort, wo auf dem Parkplatz unser PKW stehen könnte oder wir weiter nach Gemünd und Kall mit Bussen fahren können.

Informationen zur Route:

Wanderkarte: Nationalpark Karte 1:25 000, Wanderkarte Nr. 50 des Eifelvereins, auch: Wanderkarte Dreiborner Hochfläche, kostenlos an Infopunkten und Infotafeln des Nationalparks Eifel.
Streckenlänge: ca. 17 km
Start: Vogelsang I P Walberhof, Schleiden, Hst. der Busse 63, SB 82.
Ziel: Einruhr – Simmerath, Hst. der Busse 63, 68, 83.
Track: Tour #178967: Gold, Gold, Eifelgold

Routenskizze

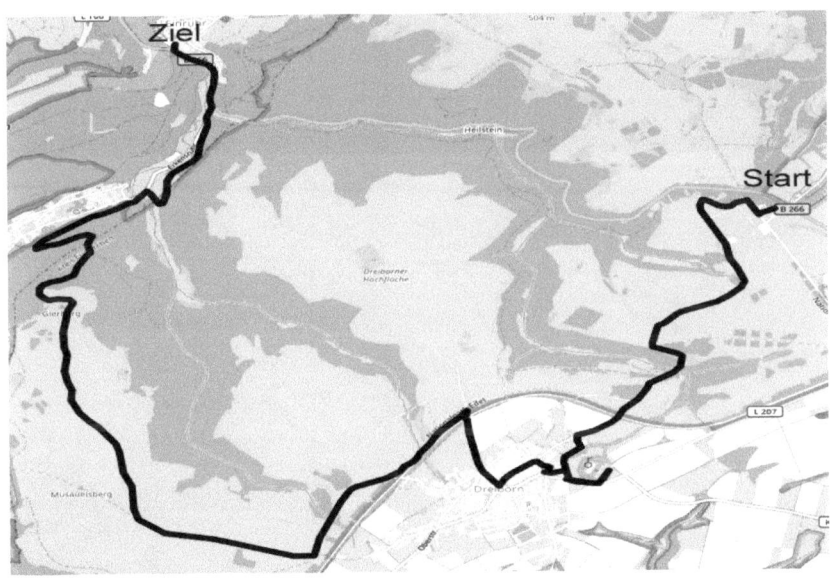

Interessante Infos unter:

Wikipedia: Dreiborner Hochfläche, Nationalpark Eifel, Truppenübungsplatz Vogelsang, Dreiborn (Schleiden), Burg Dreiborn, Einruhr, Rurtalsperre.

Suchmaschine: Rothirsch im Nationalpark Eifel, Ginsterblüte auf der Dreiborner Hochfläche.

Geschichte und uriger Fels am Veybach
Von Scheven bis Satzvey

Unsere Veybachwanderung führt uns zu Brunnenstuben und Aquädukten der berühmten Römischen Wasserleitung in der Nordeifel und endet schließlich bei Burg Satzvey. Landschaftlich wird alles geboten: Weideland, Wälder, Brachen, Burgen und Bäche. Unsere Seitenwechsel von Talseiten zu Talseiten machen spürbar, welche Leistungen die römischen Wasserbautechniker – ohne die moderne Nivelliermethoden – vollbracht haben. Die Römische Wasserleitung gilt als das größte antike Technikbauwerk nördlich der Alpen. Am Anfang unserer Wanderung und an deren Ende stehen Burgen oder was man so nennt. In Kallmuth ist es ein steinernes Burghaus inmitten von Fachwerkbauten und am Ende der Route die Prachtburg des Rheinlandes „Burg Satzvey".

Unsere Wanderung beginnt am Haltepunkt Bahnhof Scheven. Von dort geht's nach Norden auf die Ortschaft Kalenberg zu. Der Rundwanderweg 1 weist uns vom Bahnhof aus bis Kallmuth den Weg. Wir laufen in offenem Land, am südlichen Hang des Bleibergs vorbei bei zur Kirche St. Georg und dem beistehenden Burghaus in Kallmuth. Von der Kirche aus gehen wir die **St.-Georg-Straße** geneigt hinab zur **Quellenstraße**, biegen in diese nach links ein und laufen bis zur Straße **In der Kumm**. In ihr wandern wir am Kallmuther Bach entlang, überqueren die **Kaller Straße** (K 32) und gehen auf die römische Brunnenstube „Klausbrunnen" zu. Die Brunnenanlage, Ende des 1. Jh. n. Chr. in wasserführende Schichten gesetzt, ist eine Spitzenleistung der Wassergewinnung: Durch ein mörteloses Fundament sickerte Wasser in die Brunnenstube oder floss durch Maueröffnung ein. Ein Kiesbecken klärte das Wasser, bevor es mit dem von Nettersheim herangeleiteten, zuvor im Tosbecken beruhigtem Wasser des „Grünen Pütz" gemischt wurde und seinen Fluss durch offene Kanäle, Wassertunnel und Aquädukte – alles Bauwerke der 95 km langen Römischen Wasserleitung – nach Köln antrat.

Vom Gelände der Brunnenstube geht ein leicht erkennbarer Wiesenweg nach Südosten ab. Dem folgen wir an der nächsten Biegung rechts hangaufwärts und gehen dem Wegzeichen Römerkanalweg (RKW) konsequent folgend über einen besonnten Hang und schließlich an einem Waldsaum entlang. Das Wegzeichen weist uns dann einen Weg ins Tal. Einen wenige Meter langen, steilen Wegabschnitt nehmen wir im Seitwärtsgang, gelangen an einen Asphaltweg und gehen diesen in Richtung Urfey vorbei an einer Pferdekoppel. Den Abstecher zum Römerviadukt sollten wir machen. Durch die Römische Wasserleitung war „dat Wasser vun Kölle" schon damals „jot". Nach unserer Besichtigung geht's wenige Meter weiter in Richtung Urfey. An der nach Weyer links abbiegenden Straße – hier steht ein Bildstock aus der Mitte des 19. Jh. – gehen wir aufwärts in Richtung Weyer. Wir überqueren den Urfeier Bach, der sich alsbald mit dem Kallmuther Bach vereinigt und ab da dann Veybach heißt. Aufwärts geht's, immer den Kirchturm von St. Cyriacus in Weyer im Blick. Bis zum Ort Weyer müssen wir nicht steigen. Spitzwinkelig biegt vorher nach links ein Weg ab, der mit den Wegzeichen A1, 7 und 8 markiert ist. Es lohnt sich, Umschau zu halten. Dabei sehen wir die Kirchturmspitze von St. Georg in Kallmuth. Von dort sind wir etwas mehr als 3,5 km gelaufen.

Hangparallel mit leichter Neigung geht der Weg auf Vollem zu. Von oben schauen wir auf den aus einer kurzen Verrohrung hochsprudelnden Veybach und auf ein oberschlächtiges Mühlenrad. Auf dem Wanderweg 7 und 8 laufen wir in den Ort, überqueren den Veybach, der uns einige Meter auf der talwärts führenden Route an der **Kaller Straße** entlang begleitet. Am Holzkreuz vor der Bushaltestelle biegen wir links ab und folgen dem Weg aufwärts, um in einer scharfen Linkskurve nach rechts in einen Wiesenweg abzubiegen. Nach einer kurzen Wegstrecke biegt der RKW talwärts ab, steil fallend und durch einen Handlauf gesichert. Da verzichten wir und gehen weiter den hangparallelen Weg W 7 – ein uriger Wurzelweg, der auch von

Reitern benutzt wird. Wir stoßen auf die **Bleibergstraße**, überqueren diese und gehen am Wegkreuz vorbei auf dem W 7 nach Vussem.

An einer Fachwerkkapelle überqueren wir die B 477. Der **Keilbergweg** führt uns zum eilig dahinfließenden Veybach. Den Bach überqueren wir. Aufwärts gehend biegen wir in die querlaufende Straße nach links und sind wieder auf dem RKW. Wir erreichen Vussems Friedhof. Auf dem **Friedhofsweg** gehen wir an dessen östlichem Rand vorbei. Nach einem leichten Abstieg queren wir den Sportplatz und sehen links vor uns die Aquäduktbrücke Vussem, die ursprünglich in 10 Meter Höhe über Tal die römische Wasserleitung über die Talweite hinweg führte.

Auf der **Titusstraße** geht es zum **Holzheimer Weg.** Hier laufen wir nach rechts aufwärts, folgen weiter dem RKW und durchqueren das Tal des Mainbaches an einer früheren Furt. Kurz verlassen wir den RKW und gehen auf freiem Feld weiter. Nachdem wir einen rechts befindlichen größeren landwirtschaftlichen Betrieb passiert haben, gelangen wir zur **Münstereifeler Straße**, überqueren sie und befinden uns nun wieder auf dem RKW. An der nach Nordwesten abbiegenden Route befindet sich ein in den 1930er-Jahren errichteter Hochbehälter der Breitenbendener Wasserwerke. Dessen Inschrift legt übertrieben eine Kontinuität mit der römischen Wasserleitung nahe.

In Breitenbenden treffen wir auf die **Mechernicher Straße**, von der wir in die **Feyermühle Straße** einbiegen, die zur Autobahn A1 führende L 165 unterqueren wir und alsbald können wir linker Hand den Verlauf des Veybaches und des Mühlengrabens zur Feyermühle erkennen. Vor uns sehen wir schemenhaft durch Bäume die Fachwerkbauten der Mühle. 1850 wurde der Mahlbetrieb eingestellt. Danach war sie Wohnsitz eines Försters, dann landwirtschaftlicher Betrieb und gegenwärtig wird hier eine Fischzuchtanlage mit Angelteichen betrieben. Die Baulichkeiten zeigen sich in ihrer historischen Gestalt, aber das Mühlenrad existiert schon lange nicht mehr. Wir biegen hier rechts ab und gehen den WW 6 und RKW. An der nächsten Abzweigung halten wir uns geradeaus auf dem RKW und dem A1 – die Fisch- und Angelteiche im links liegenden Veybachtal im Blick. Ein Waldstück, in dem wir den Wald nicht betreten sollen (Wegepflicht im NSG), durchlaufen wir bis zu einem von links kommenden Weg in Nähe der L 61. Hier gehen wir kurz vor der Straße nach rechts und laufen auf einer aus der Vergangenheit stammenden Straße. Das begleitende Areal ist stark mit Ilex besetzt. Kurz nach der Infotafel 18a des RKW geht es links ab durch einen Kiefernwald mit eingestreuten Birken. Rechtwinkelig und etwas steiler abfallend, sodass wir noch einmal sicherheitshalber den Seitwärtsgang wählen, geht dann der Weg A1/A2 ab. Wir gelangen zu den Katzensteinen.

Die Katzensteine gehören zu einer Buntsandsteininformation, die sich über Mechernich, an Kall vorbei bis Nideggen erstreckt. Wir schauen uns um und nehmen den kurz vor den Steinen abzweigenden Weg A1/A2 nach Katzvey. Alsbald müssen wir selbst entscheiden, wohin uns die Wegzeichen weisen. Wir orientieren uns an dem schwach nach links gehenden Pfad und treffen alsbald wieder auf die Markierung A1/A2. Am Wanderparkplatz Katzensteine geht es über die Straße und anschließend über den Veybach bis zur Straße **Am Katzenstein**. Rechts liegt der Bahnübergang. Nach Querung der Gleise nehmen wir den anschließend rechts abgehenden Wiesenweg. Wir wandern nun auf dem WW 2 der Stadt Mechernich. Bäume mit Mistelsträuchern begleiten uns. Leicht verschwingend führt der Weg stracks auf Satzvey zu. Kurz vor unserem Ziel berührt der Pfad den Veybach, der hier doch einigermaßen stark strömt. Bald bewegen sich Pfad und Bach wieder voneinander weg. Wir werden aufmerksam gemacht, dass wir das militärische Terrain – Standortübungsplatz „Schavener Heide" – nicht betreten dürfen.

Nach Erreichen des Wohngebietes von Satzvey biegen wir dem Wegzeichen 2 folgend spitzwinkelig rechts ab, gehen ein kurzes Stück abwärts und machen am Wegkreuz einen Linksschwenk. Rechts sehen wir die Arenen der Ritterspiele bei Burg Satzvey. Alsbald kommen wir an der Kirche St. Pantaleon vorbei. Bereits im 13. Jahrhundert ist hier eine Kirche erwähnt, deren Turm jedoch ein Jahrhundert später errichtet wurde. Die heutige Kirche wurde 1806–1807 gebaut.

Nach Verlassen des Kirchhofs geht es orientierungsdeutlich durch die Straße **An der Burg** zum Prachtbau der Burg Satzvey. Im Mittelalter stand hier eine Wasserburg, an der bis ins 16. Jahrhundert gebaut wurde. Danach verfiel die Burg allmählich. Ein Eigentümerwechsel Ende des 19. Jahrhunderts führte zu wirkungsvollen Restaurierungen, maßgeblichen baulichen Veränderungen und zur Trockenlegung der Wassergräben. Festspiele machten seit den 1980er Jahren die Burg im Rheinland bekannt. Der Burghof ist – mit Ausnahme von Veranstaltungen – frei zugänglich. Von der Burg geht unser Weg über die **Gartzemer Straße** und **Veybachstraße** zum Bahnhof Satzvey.

Informationen zur Route:

Wanderkarte: Kall, Kommern, Mechernich, Nettersheim, Wanderkarte Nr. 5 des Eifelvereins, 1:25 000.
Streckenlänge: ca. 23 km
Start: Bedarfshaltepunkt Scheven von RB 24
Ziel: Satzvey Bf. Von RB 24
Track: Tour #178968: Geschichte und uriger Fels am Veybach

Routenskizze

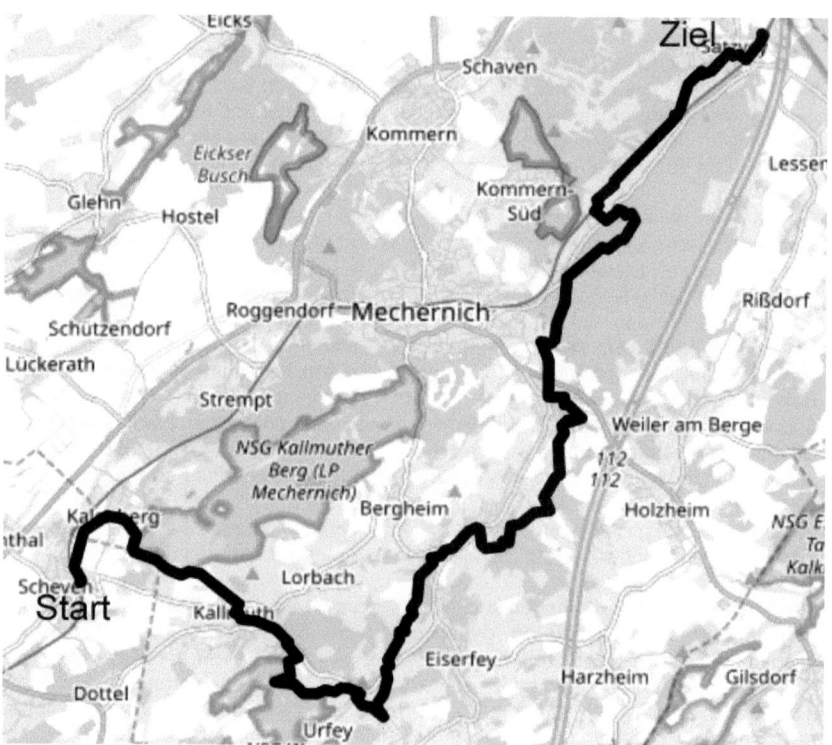

Interessante Infos unter:

Wikipedia: St. Cyriakus (Weyer), Vollem, Burg Satzvey, Brunnenstube, Aquädukt, Viadukt, Kallmuth, Klausbrunnen (Kallmuth), Veybach, Urfey, Wasserrad, Vussem, Aquäduktbrücke Vussem, Feyermühle, Katzensteine, Katzvey, Bahnstrecke Hürth-Kalscheuren–Ehrang, Schavener Heide, Satzvey, Burg Satzvey, Wasserburg.

KuLaDig: Kallmuth, Brunnenstube „Klausbrunnen" des Römerkanals bei Kallmuth.

YouTube: Aquädukt, Römerkanal Köln.

Ausblicke – Rheinblicke – Einblicke
Von Rheinbrohl nach Linz

Zuerst grüßt die Antike mit dem Obergermanisch-Raetischen Limes, der sich von Rheinbrohl bis Eining (an der Donau) 550 km lang erstreckt. Ein rekonstruierter Wachturm macht auf den nördlichen Beginn der seit 2005 als Weltkulturerbe eingestuften Befestigungslinie des römischen Imperiums aufmerksam. Es folgt des Weiteren eine private RömerWelt-Ausstellung. Weiterhin grüßen bei der Wanderung auf dieser Route Burgen – manchmal auch Schloss genannt. Auch auf Kirchen treffen wir, die auf früheren Reichtum der Orte verweisen – wahrscheinlich durch überregionalen Weinhandel bedingt. Schließlich haben wir fantastische Aussichten – immer wieder auf den Rheinstrom, auf die ihn einrahmenden Hänge und Höhen des beidseitig befindlichen Rheinischen Schiefergebirges. Spätestens ab Schloss Arenfels können wir die romanische Basilika von Sinzig erkennen und auch die Kuppe der Landskrone und gelegentlich sehen wir auch St. Apollinaris in Remagen. Einige Anstiege sind auch dabei, denn unsere Wanderstrecke führt auf halber Höhe der Hänge des Westerwaldabfalls zum Rheinstrom hin – von Rheinbrohl bis zur bunten Stadt Linz am Rhein auch immer wieder in die einschneidenden Bachtäler.

Wir verlassen den Rheinbrohler Bahnhof, wenden uns nach links in die **Hauptstraße** und dann sofort wieder links in die **Hilgersstraße**. Uns leitet nun das Wegzeichen für den Limesweg (Welterbe Limes). Alsbald passieren wir das historische Ortszentrum mit der zwischen 1200 und 1250 erbauten Gertrudenkapelle beim Rathaus, das Teil des ehemaligen Getrudenhofes ist. An der Pfarrer-Volk-Straße unterqueren wir die Eisenbahnstrecke Troisdorf – Neuwied, gehen noch ein kurzes Stück auf den Rhein zu und biegen nach rechts ab in einen Wiesenweg. Schon auf dem Weg durch den alten Ortskern erblickten wir die Burg Rheineck. Vom Wiesenweg aus sehen wir halbrechts vor der hochaufragenden Rückstandshalde „Auf der Brust" als Zeichen für den Limes einen Turm, der Charakteristika eines Limeswachturms zeigt. Es handelt sich um Turm I der Obergermanisch-Räthischen Grenzbefestigung. Der Turm steht nicht auf einem Originalfundort. Im Gelände wurde Kies gebaggert und somit wurden Spuren der Vergangenheit zerstört. Wir folgen dem Limesweg-Zeichen und gelangen damit auf die **L87 – Hauptstraße – Doktor-Josef-Horbach-Straße – Arienheller Straße** und von dieser rechts in die Straße **Arienheller** einbiegend zum Museum „RömerWelt am Caput Limitis".

Von ihm geht es hangaufwärts zum Rheinhöhenweg – Wanderwegzeichen „R" - und dort links. Der Weg zum östlichen Wohngebiet von Bad Hönningen gewährt uns Blicke auf die Solvaywerke und deren dauerhaft emittierenden Kamin. An einer Weggabelung, von der rechts ein eher als Pfad zu bezeichnender Weg geradeaus weitergeht, nehmen wir diesen Pfad. Er geht in einen Teerweg über, von dem wir in die Straße **Oelsberg** rechts abbiegen und der bergangehenden Straße am linken Rand folgen. Wir haben es hier auch mit dem Rheinsteigzeichen verbunden mit dem „R" zu tun. Auf der Straße wandernd, fragen wir uns mit Blick auf den Hauptort Bad Hönningen, was der große Industriekomplex bedeutet und wieso der Ort den Zusatz „Bad" tragen darf. Die Fabrikanlagen verdanken ihren Ursprung dem Vorkommen der Kohlensäure an diesem Ort. Die Kohlensäure machte Hönningen zu einem Kurort und verhalf ihm zum Zusatz „Bad". Außer auf eine alteingesessene Kohlensäurefabrik blicken wir auf eine Sodafabrik.

Von der Straße **Oelsberg** geht es in einer lang gezogenen Rechtskurve – mit Blick auf eine Fatimakapelle und das Schloss Arenfels im Hintergrund – nach links. Nach kurzem Weg talwärts stoßen wir auf den **Kapellenweg und** folgen ihm nach rechts. Der Kapellenweg endet an der Straße **Am Höms**. In diese Straße gehen wir nach rechts hinein, um dann links in den Weg **Hömshohl** einzubiegen. Am Ende dieses Weges treffen wir auf einen Parkplatz. An der nördlich angrenzenden Straße **Zum Kronenborn** geht es nach links. Von dieser Straße geht es an der nächsten Straßenecke links in die **Waldbreitbacher Straße** und dann zweimal rechts in die Straße **Am Paffelter**. Hier geht es nach rechts. Aufwärts laufend biegen wir in einem scharf links abgehenden Weg. Er führt zu einer Absperrung vor der Weinlage Hönninger Schlossberg – eine der größten Lagen am Mittelrhein – und weiter zur Höhe über Schloss Arenfels. Das Schloss gilt als rheinisches Architekturmonument neben dem Kölner Dom. Wenn wir hier den Blick rückwärts wenden, sehen wir, dass der Rhein und seine Zuflüsse sich in ein Plateau eingeschnitten haben. Es ist der Rest eines Millionen Jahre alten Hochgebirges.

Weiterwandernd erreichen wir die kleine Ansiedlung Schafstall. Dort wirkten die Hofleute der Burg Arenfels. Hier müssen wir direkt am Ende der Hecke um das Fachwerkhaus nach links abbiegen. Seitwärts rechts liegt – verdeckt – nun die riesige Ariendorfer Kiesgrube – erstaunlich hoch über dem Rhein. Dennoch stammen die Ablagerungen in der Grube vom Fluss, der sich im Wechsel von Eis- und Warmzeiten ins Mittelgebirge eingrub. Den folgenden Aussichtpunkt – nach einer Anpflanzung von Baumsetzlingen – sollten wir genießen. Von hier aus und später mehrmals ist die Kirche von Sinzig zu sehen. Wir laufen vom Aussichtspunkt Richtung Norden. Ungefähr nach 260 Metern zeigt ein Pfeil bei einem Rheinsteigzeichen steil links abwärts. Sicherer geht es geradeaus und über eine Teerstraße zum Heimathaus in Ariendorf. Dort schauen wir uns links das Kriegerdenkmal an und machen uns Gedanken über den dort angebrachten Bibelspruch. Unser Wanderweg führt nach rechts. Wir laufen auf der **Bergstraße** nach rechts um die Kapelle St. Johann Baptist herum. Unmittelbar danach geht die **Bergstraße** rechts bergan. Links liegt die Ariendorfer Burg, Mitte der 1840er-Jahre unter Verwendung älterer Bauteile vom Kölner Dombaumeister Ernst Friedrich Zwirner errichtet. Dann wird der Weg in einem Pfeil zum Aussichtpunkt „Helle Au" gewiesen. Leichter geht's geradeaus, um dann links abbiegend wieder auf den Rheinhöhenweg/Rheinsteig zu gelangen.

Der Weg führt weiter in Richtung Leubsdorf und wird vom „R" begleitet. Wir treffen auf die Straßenabfolge **Im Leierling** – **Anton-Schneider-Straße** – **Auf der Kehr** – **Hauptstraße**. Dieser Wegabschnitt bringt uns in den Ortskern von Leubsdorf. Eindrucksvoll erhebt sich auf dem gegenüberliegenden Hang die Kirche St. Walburgis. Bevor wir von der **Hauptstraße** nach rechts in die **Kirchstraße** einbiegen, passieren wir das spätgotische, viertürmige Gebäude „Die Burg". Es handelt sich um den ehmaligen „Rittersitz Selbachisch Hoff". Steil bergan geht es auf der **Kirchstraße** an St. Walburga vorbei. Die Steigung zieht sich bei unserer Wanderung zum Ort Dattenberg. Wir erreichen ihn auf dem Straßenzug **Hauptstraße** – **Auf der Lay** – **Kurzentalweg** – **Auf der Gasse** – **Bornbergstraße** – **Friedrichstraße**. Von der Friedrichstraße aus haben wir einen Blick auf die neogotische Ziegelkirche „Heilige Schutzengel". Mit Blick auf diese Kirche geht es links ab in der **Kirchstraße**. Die Straße wird zu einem geteerten Fußweg und auf diesem passieren wir eine Gedenkkapelle. An der Kapele halten wir uns links. Der Weg endet an einer Treppe, Die nehmen wir hin zur Straße **Neuer Weg**. Beim Treffpunkt mit der **Burgstraße**, nehmen wir für unsere Wanderung nach Linz die nach Norden aus dem Ortskern herausführende Straße **Zum Steinbruch**.

Bevor wir in diese Straße einbiegen schauen wir uns noch die Infotafel zur „Metternicher Burg" an. Sie befindet sich an dem Eck von „Westersweg" und „Burgstraße". In die Straße **Zum Steinbruch** leiten uns sowohl das

Rheinsteigzeichen wie auch der Hinweis Sportzentrum. Am Straßenschild **Am Römerich** biegen wir nach rechts in diese Straße ein und passieren das Denkmal und die Infotafel zum Abbau von Säulenbasalt. Das Rheinsteigzeichen ist weiterhin unser Wegzeichen und es weist uns alsbald rechts in einen Waldweg. Der Weg führt zu einem markanten Aussichtspunkt. Von ihm aus haben wir einen weiten Ausblick: Wir sehen wie einen weißen Tennisball das Random von Wachtberg und die Apollinariskirche in Remagen.

Nach der Relaxbank am Aussichtspunkt macht der Weg eine Rechtskurve. Kaum haben wir sie durchschritten, sehen wir das Rheinsteigzeichen mit einem Linkspfeil. Wir folgen diesem Hinweis und laufen einem Pfad, der zum Sportzentrum führt. Am Sportplatzrand biegen wir nach rechts ab und gehen am Rand des Sportfeldes bis zu einer rechts abgehenden Treppe und weiter zum Unterstand und Picknickplatz. Rechts vom Unterstand nehmen wir einen Pfad, der auch wieder mit dem genannten Wegzeichen markiert ist. Allerdings verlassen wir den markierten Pfad kurz nachdem wir in ihn eingebogen sind. Wir gehen links ab in einen gegenüber dem markierten Pfade etwas leichteren Weg. Egal welchen wir nehmen: Achtsamkeit ist geboten, weil auch der vorgeschlagene Pfad loses Astwerk und Laub aufweist und es auch hier abwärts geht. Die abgeratene Strecke ist jedoch stellenweise schmaler und verlangt mehr Trittsicherheit. Nach kurzer Strecke treffen wir wieder auf den Rheinsteig. Er vereinigt sich mit unseren Weg von rechts her kommend.

In einem rechts unseres Weges tief einschneidenden Siefen fließt der „Alwiesbach". Den Bach überlaufen wir bei einem Unterstand. Wir gehen geradeaus in einen Pfad, der alsbald die Bezeichnung **Am Sonnenberg** trägt. Dieser Pfad mündet in einer Straßenkurve in den **Ahrweg**. Wir sind in Linz angekommen und können auf der als **Ahrweg** bezeichneten Straße noch einmal das Random von Wachtberg und die Apollinariskirche in Remagen sehen, wenn wir denn auf die Sicht achten und weniger auf den Weg.

Die Straße **Ahrweg** trifft auf die Straße **Vor dem Leetor**. In sie biegen wir nach rechts ein und laufen auf ihr ins Zentrum von Linz. Dabei passieren wir die Stadthalle der Stadt, die einstmals Kirche der Kapuziner – 1639 erbaut – war. Kurz nach dem Vorbeigang an der Stadthalle geht rechts ein Fußweg ab zum **Marktplatz**. Der Weg dorthin lohnt sich wegen der Bebauung des Platzes – besonders mit historischem Rathaus, den Fachwerkhäusern, dem Brunnen und der Mariensäule im Nordwesten des Platzes (dem Rathaus gegenüber). Von der Säule aus verlassen wir mit wenigen Schritten den **Marktplatz** und biegen nach links in die **Mittelstraße** ein. Abwärts laufend führt uns die **Rheinstraße** zum **Burgplatz**.

Am **Burgplatz** verweilen wir und lassen das alte Stadtbild auf uns wirken. Dann laufen wir rechts an der Burg Linz entlang durch die alte Stadtmauer aus dem alten Linz hinaus. Wir treffen auf die Straße **Am Ständchen** und gehen an ihr parallel entlang – mit Ausblicken auf die Burg Ockenfels (1927 wiedererrichtet) vor uns und der Bahnstrecke links von uns. Wir unterqueren die Straße und den Bahnkörper nach links und gehen dann rechts parallel zur Straße **Zum Bahnhof** genau dorthin und erreichen den Bahnhof auf dem Bahnsteig von Gleis 1.

Informationen zur Route:

Wanderkarte: Naturpark Rhein-Westerwald, Blatt 1 (West), Topografische Karte 1:25 000, Hrsg. Landesamt für Vermessung und Geobasisinformation Rheinland-Pfalz.
Streckenlänge: ca. 17km
Start: Rheinbrohl Bf, Hst. von RB28, RE8 und Bus 170.
Ziel: Linz Bf (Rhein), Hst. von KAS, RB28, RE8 und der Busse 135, 136, 170, 565.
Track: Tour #178969: Ausblicke – Rheinblicke – Einblicke

Routenskizze

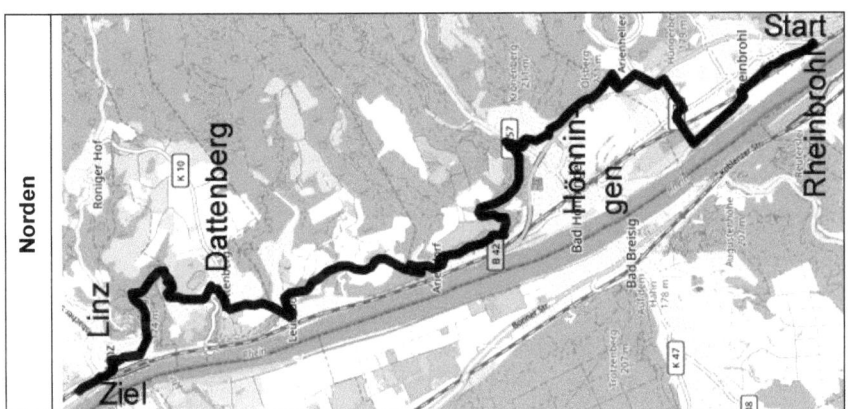

Interessante Infos unter:

Wikipedia: Rheinbrohl, Gertrudenkapelle (Rheinbrohl), Burg Rheineck, Obergermanisch-Raetischer Limes, Limes (Grenzwall), Solvay GmbH, Bad Hönningen, Schloss Arenfels, Dattenberg, Burg Dattenberg, Random (Wachtberg), Apollinariskirche (Remagen), Linz am Rhein.

KuLaDig: Rekonstruierter Limes-Wachturm Wachposten 1/1 bei Bad Hönningen, Basaltsteinbruch Dattenberg, Ehrensteiner Hof in Dattenberg, Rathaus in Linz am Rhein.

Suchmaschine: Planet Wissen Limes, kohlensäurewerk bad hönningen, Dattenberg RundgangFlyer, linz am rhein erleben, Linz am rhein marktplatz,

Vulkaneinblick und Rheintalausblick
Von Burgbrohl-Weiler bis Bad Breisig

Drei Gewässer verbindet diese Wanderung: Brohlbach, Vinxtbach und den Rhein. Alle drei sind geschichtlich bedeutend. Der Brohlbach spiegelt die Geschichte des Vulkanismus - seine Erdgeschichte und die Geschichte seiner wirtschaftlichen Nutzung. Der Vinxtbach teilte einstmals Germanien in zwei römische Provinzen, in Ober- und Niedergermanien mit den jeweiligen Hauptstädten Mainz und Köln. Und der Rhein ist Deutschlands Schicksalsstrom – schön romantisch auf weiten Strecken. Beginnt man die Wanderung auf den östlichen Höhen des Brohlbaches, dann findet man sich alsbald in der Situation eines Däumelings, der sich mittig in einem Suppenteller findet und ringsum auf den Rand dieses Tellers blickt.

Eine Hochebene bietet sich den Augen – stark durch die Gerinne der Bäche zertalt. Hier kann bewusst werden: Es gibt Vielfalt in der Einheit und die kann – wie hier erlebbar – sehr schön sein durch Weite und Stetigkeit in der Mannigfaltigkeit von Natur- und Kulturlandschaft. Was macht da schon eine Autobahn, deren talüberspannende Brücke von Weitem zu sehen ist – der Lärm der dahinrasenden Autos jedoch nicht gehört wird. Die Autos bewegen sich übrigens, aus der Ferne betrachtet, recht langsam. Und sie rollen zwischen Grün und Grün und sind den Augen meist verborgen.

Am Ende dieser Wanderung – mit viel Himmel und doch auch mit viel Wald – ist man recht zuversichtlich und froh.

Der Start zur wechselreichen Wanderung ist am Bahnhof Burgbrohl-Weiler. Vom Ausstieg aus gehen wir ein kurzes Stück die **Brohltalstraße** nordwestwärts und rechts ab in den **Beuner Weg**. Auf kurzer Strecke gewinnen wir schnell Höhe. Unser Überblick weitet sich fast mit jedem Schritt. Wir streben auf den Beunerhof zu und biegen nach 550 m Wegstrecke auf dem Breuner Weg vor ihm nach links ab. Wer etwas weiter geradeaus geht, um wenig später zur Abzweigung zurückzukehren, hat einen eindrucksvollen Blick in die Schaumlavagrube Herchenberg mit waagerecht liegenden Ascheschichten und senkrechten Furchen von Basaltsäulenabdrücken in der Asche. Seit 50 Jahren werden körniges Gestein und Basalt hier gefördert. Der abzweigende Weg führt zwischen Feldern auf einen Wald zu. In südwestlicher Richtung erblicken wir über Nieder- und Oberzissen hinweg den Bergfried von Olbrück. Nach Osten hin sehen wir den Kraterrand des Herchenbergvulkans. Der Weg bleibt jetzt auf 5 km angenehm flach.

An der Weggabelung mit Relaxbank und Wegweiser gehen wir entsprechend dem Hinweis in Richtung Vulkankrater Herchenberg. Für eine kurze Strecke betreten wir einen Eichen-Buchen-Mischwald mit älterem, Schatten spendendem Baumbestand, bevor wir wieder Wiesen-Feld-Land erreichen. Ins Auge fällt am Ende des Waldwegstücks eine Kapelle – weiß getüncht. Sie wurde 1871 errichtet. Neben ihr steht am Waldrand ein Altartisch mit Kreuz. Gläubige aus den umliegenden Ortschaften pilgern immer wieder hierher. Weiter geht's auf dem Vulkan- und Panoramaweg hin zum Kraterrand. Am folgenden Querweg gehen wir rechts auf den Vulkan zu und dann nach links den Weg am Zaun entlang. Auf dieser Wegstrecke haben wir eine gute Rundumsicht und hier entsteht der Eindruck, die Horizontlinie rundum befände sich fast überall auf dem gleichen Höhenniveau. Auch der Fernblick zeigt diese Eigentümlichkeit. Wir können sicher sein: Herausragende Kuppen sind vulkanischen Ursprungs – entstanden lange Zeit nach der Einebnung eines Hochgebirges dort, wo sich das rheinische Schiefergebirge befindet.

Praktisch gar nicht bzw. erst an dem Punkt, an dem wir auf einen Ausblick auf den Vulkansee hingewiesen werden, gelingt uns ein Blick in das Abbaugebiet. Erst an der Nordostseite des Vulkans werden wir über den Herchenberg Vulkan informiert. Um dann einen Einblick in das Erdwunder zu tun, bedarf es sportlicher Fähigkeiten an einem kurzen Steilstück zum Zaun, der das Bergbaugebiet abgrenzt und Wanderer schützt. Wer den Anstieg zum eindruckvollen Ausblick auf den See angelegt hat, hat etwas für die Heimatkunde und das Staunen der Besucher getan. Dort die Treppe etwas gehsicherer angelegt und den Ausblick an der Infotafel optimiert, wäre eine gute Tat für die Besucher und eine glänzende Erläuterung des Vulkans mit seinem Quarzgang und dem senkrechten Basaltgang.

Am Querweg nach der Infotafel und dem „wilden" Aussichtspunkt gehen wir nach rechts und an der nächsten Abzweigung nach links auf Lützingen zu. Dabei verlassen wir den Vulkan- & Panoramaweg. Am Ortsrand von Lützingen biegen wir links ab, überqueren eine Wegkreuzung, an der links ein Wiesensportplatz liegt und laufen geradeaus auf ein Waldstück zu. Kurz bevor wir nach links abbiegen müssen, unterqueren wir eine bedeutende Hochspannungstrasse – an drei Mastenreihen hängen 22 Hochspannungsleitungen. An der querenden Straße geht es nach links und vorbei am „Gestüt am Steinberg". Unser Zwischenziel ist der Steinbergskopf – nicht zu verwechseln mit dem 9 km westlich liegenden Steinberg und dem dortigen Königsee. Am Steinbergskopf würden wir vergeblich mit einem See rechnen. Hier tut sich vielmehr ein grandioser Ausblick in die Ferne auf. Wir sehen den Bergfried von Olbrück und entgegengesetzt die Basaltkuppe des Meerberges bei Kalenborn in Westerwald. Mehr als 180 Grad im Kreis sind von hier aus überblickbar. Eine Bankgruppe mit einer großen steinernen Windrose als Tisch in der Mitte und eine Relaxbank laden zum Verweilen ein.

Von nun geht's 2 km durch Laubmischwald bergab. Zunächst bis zur Jakobshütte, von wo aus wir die Burg Rheineck auf Augenhöhe, aber fern erkennen können. Den Hüttenplatz verlassen wir nach rechts leicht abwärts und gehen am nächsten Querweg links. In Serpentinen geht es jetzt ins Tal des Vinxtbaches Wir achten darauf, die Serpentinenstrecke zu gehen, und zwar so weit, bis wir an eine Wegstelle über einen sehr mager – wenn überhaupt – fließenden Bach gelangen. Dort nehmen wir von den beiden Wegen den links abwärtsgehenden. Das Bachtal begleitet uns links. Fast auf ebener Strecke sehen wir links unterhalb von uns einen Weg laufen und ahnen die Landesstraße 87 im Vinxtbachtal. Auf unser Ziel hin orientiert gehen wir am nächsten Querweg links, treffen auf die bereits angesprochene Straße und gehen rechts. Unbemerkt, vielleicht am Plätscherlaut eines Gewässers wahrgenommen, überqueren wir das wichtige Gewässer des römischen Germaniens – den Grenzbach zwischen Ober- (Germania Superior) und Niedergermanien (Colonia Agrippina). Bis zum Ende des Heiligen Römischen Reiches Deutscher Nation 1806 war der Bach auch die Grenze zwischen der Erzdiözese Trier und dem Erzbistum Köln.

Nachdem wir ca. 200 Meter am linken Straßenrand von L87 entlang gegangen sind, biegen wir nach links ab. Die von dieser Stelle nach links abgehenden Wege interessieren uns nicht. Wir nehmen den Weg, der rechts durch den Wald leicht aufwärts geht. Er führt durch ein Waldgebiet, das deutlich Merkmale einer Niederwaldwirtschaft zeigt – vielfältige Stockaustriebe aus einzelnen Wurzeln. Die Steigung nimmt zu und wird nach einer Links- und weiteren Rechtskurve auf einem kurzen Stück noch steiler, bleibt jedoch bequem gehbar. Steigungen sind eine Frage der Geschwindigkeit, des richtigen Atems und der Pausen, die man sich gönnt.

Kurz berührt unser Weg im Wald offenes Land zu unserer Linken und läuft dann zwischen Wald rechts und Gehölz links weiter nach Norden. Den folgenden Querweg laufen wir nach rechts. Zwischen zwei Feldern geht es auf den vor uns liegenden Wald zu. In den Weg, der am Waldsaum verläuft, biegen wir nach rechts ein. Wir folgen jetzt der Wegmarkierung „gedrehtes weißes T". Von nun an laufen wir auf den Wegen des dem Rhein zugewandten Hangs. Wir haben Ausblick auf die Burg Rheineck und sehen den Rheinstrom, die Bahnanlagen von Bad Breisig, das gegenüberliegende Rheinufer, Bad Hönningen, Schloss Arenfels und die Höhen des Westerwaldes. Unser Weg führt vorbei an den Anlagen eines Tennisclubs zur **Brunnenstraße**. In diese biegen wir nach rechts ein und gehen auf den Bahnhof zu.

Informationen zur Route:

Wanderkarte: Das Brohltal, 1:25 000, Wanderkarte Nr. 10 des Eifelvereins.
Streckenlänge: ca. 15 km
Start: Burgbrohl, Weiler Bf, Hst. von Bus 800 und Vulkanexpress, Info/Fahrplan zu Vulkanexpress: https://www.vulkan-express.de/
Ziel: Bad Breisig Bf, Hst. von RB26, RE5 und der Busse 800,801, 802, 803.
Track: Tour #178974: Vulkaneinblick und Rheintalausblick

 Wegmarkierung für den letzten Wegabschnitt nach Bad Breisig

Routenskizze

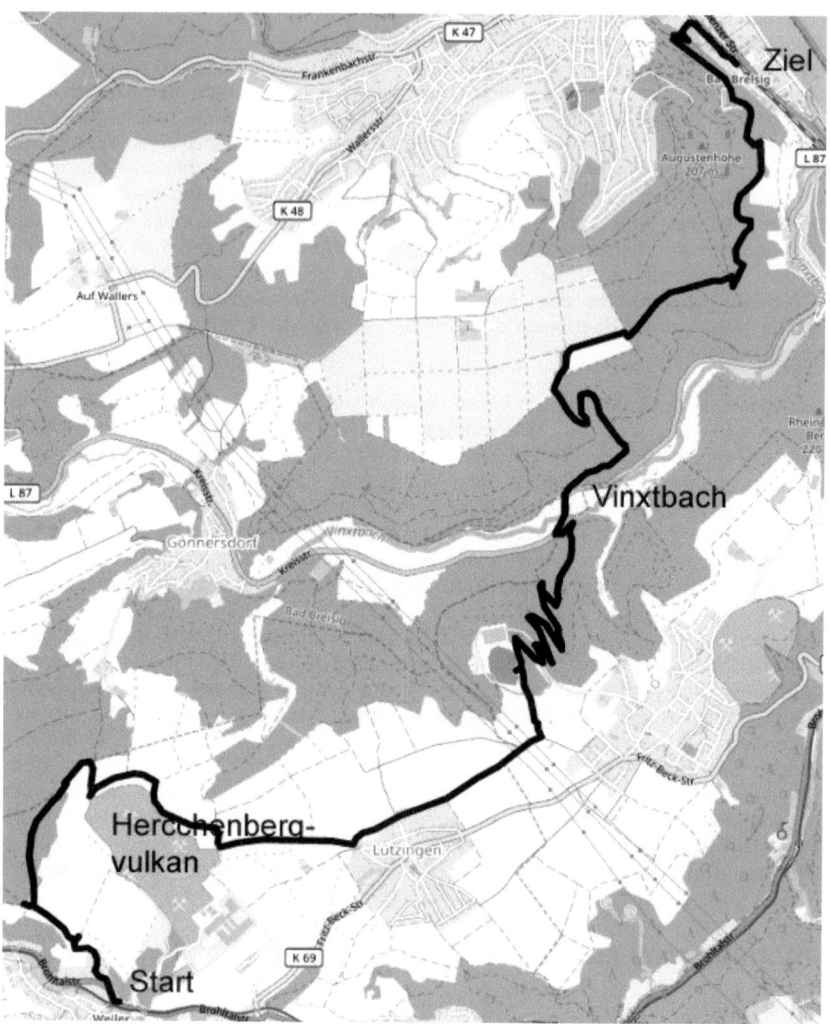

Interessante Infos unter:

Wikipedia: Burgbrohl, Brohlbach (Rhein), Vulkaneifel, Burg Olbrück, Burg Rheineck, Vinxtbach, Germania superior („Obergermanien"), Germania inferior („Niedergermanien"), Bad Breisig, Bad Hönningen, Schloss Arenfels, Westerwald, Naturlandschaft, Kulturlandschaft,.

Suchmaschine: Burgbrohl, Vulkankrater Herchenberg.

Wanderbücher vom selben Autor

Franz Josef E. Becker: Wasserwege im Rheinland, J. P. Bachem, Köln 2017

Franz Josef E. Becker: Leichtfüßig wandern, J. P. Bachem, Köln 2018

Franz Josef E. Becker: Wald in Köln, Gaasterland-Verlag, Jünkerath 2019

Franz Josef E. Becker: Erus jonn en Kölsche Veedel I, Tredition GmbH, Hamburg 2021